プロのベジミートレシピ

88 品がヴィーガン料理。代替肉をおいしく使うアイデアとコツ

W0008246

柴田書店

はじめに

「代替肉」に対する関心が高まっている。

代替肉とは、一般に肉などの動物性たんぱく質の代わりとして、

植物性の原料を使って作られた食品のことである（※）。

ほかにもさまざまな呼び方がされるが、本書ではこれをベジミート（植物肉）と呼ぶ。

日本で多く流通しているのは、大豆を主原料とした「大豆ミート」である。

昔から、ベジタリアン素材として一部では知られていた大豆ミートだが、

近年味や食感などの品質が向上し、商品の種類も増えるなど選択の幅が広がっている。

本書では、この大豆ミートを中心に、その他の植物性代替肉、

そして豆腐、湯葉、麩、オートミールなどを含めた植物性素材を、

動物性素材の代わりに使用した料理を、調理のコツとともに多数ご紹介している。

日ごろからベジミート料理を提供しているヴィーガン料理専門店には、

基本料理、定番料理を。そして和、洋、中、エスニック料理のシェフたちには、

それぞれ既存の料理をベジミートでお作りいただいた。

いずれも、ヴィーガンやベジタリアンはもちろん、

普段肉を食べている方にもご満足いただけるおいしさで、

多様な食の志向をもつ人々が集うシーンでもお役立ていただける。

はじめてベジミートをお使いになる方にも、ベジミート料理のメニューを

増やしたいと考えている方にも、ぜひご活用いただきたい。

※動物の細胞を組織培養して得る「培養肉」も代替肉の一種だが、本書ではとり上げていない。

CONTENTS

専門店に教わる、基本料理・定番料理

T's レストラン ティーズレストラン

engawa cafe エンガワカフェ

PEACE TABLE ピーステーブル

THE NUTS EXCHANGE ザ ナッツ エクスチェンジ

撮影　　海老原俊之
デザイン　三上祥子（Vaa）
編集　　長澤麻美、池本恵子

・本書中の情報（商品・掲載店他）は、すべて本書の刊行時点のものである。
・本書では、肉に似せて作られた植物性の食品という意味で「**ベジミート**」を、大豆を主原料としたベジミートという意味で「**大豆ミート**」を、肉を代替する食品という意味で「**代替肉**」という語を使っている。
・かならずしも肉の代替として作られた食品ではない、豆腐、湯葉などの大豆加工品や、植物性たんぱく質を豊富に含む、一部の穀類・豆類なども、本書では肉の代替となるたんぱく質素材として扱っている。
・肉料理の名がついている料理であっても、肉は使用していない。
・「E.V.オリーブ油」は、エクストラ・ヴァージン・オリーブ油を指す。単に「オリーブ油」と記されている場合はピュア・オリーブ油を指す。
・地粉は、地元で収穫、製粉された国産小麦粉。
・香菜とパクチーは同じもの。
・1カップは200㎖、大さじ1は15㎖、小さじ1は5㎖。

・マークについて

| VEGAN | …だしや調味料も含め、動物性の素材をいっさい使っていないヴィーガン料理。 |

| VEGAN ／ 五葷不使用 | …動物性素材に加え、五葷（ネギ〈長ネギ、玉ネギ、アサツキ、エシャロットなど〉、ニラ類、ニンニク、ラッキョウ）も使用していないヴィーガン料理。 |

| NON・VEG ／ 卵使用 | …卵を使用しているため、ヴィーガン対応ではない料理。 |

| 使用ベジミート | で、使用したベジミートの商品名を記した。 |

| 使用ベジ素材 | で、動物性たんぱく質の代替で使用した、ベジミート以外の植物性たんぱく質素材を記した。 |

●本書で使用したおもなベジミートと、その他の植物性たんぱく質素材

本書では、さまざまなタイプのベジミートや植物性素材を使用している。レシピ中には、参考までに使用したベジミートの商品名を記したが、それでなければ作れないというものではないので、同じタイプの商品から好みのものを選んで使うとよい。また、ミンチタイプのレトルトや冷凍（生）タイプの商品には、味つけがされているものも多いため、他の商品に置き換えて作る場合は、味を確認して調味料の量などを調整するとよい。

・乾燥タイプの大豆ミート（ミンチタイプ、スライスタイプ、ブロックタイプなど）

・レトルトタイプの大豆ミート
（ミンチタイプ、フレークタイプ）

・冷凍（生）タイプのベジミート
（ミンチタイプ）

・大豆ミート食品

大豆ミート食品の大豆ハム、焼き肉やツナ缶、チャーシュー、チキンを模した製品なども、素材として使用している。

大豆ハム

焼き肉様商品（NEXTハラミ）

・その他の植物性たんぱく質素材

豆腐、高野豆腐、湯葉などの大豆加工品、車麸、考麸（グルテン）、オートミール、ひよこ豆（水煮）などを使用している。

考麸

半乾燥湯葉
（豆腐皮）

オートミール

ひよこ豆

ベジミートについて

●ベジミートとは

本書でいうベジミート（植物肉）とは、おもに大豆やエンドウ豆、ソラ豆、小麦などの植物由来の原料を使い、風味、食感、見た目などを、肉に近づけるように製造された食品を指す（注1）。代替肉（注2）、プラントベースミート、フェイクミート、疑似肉などとも呼ばれるものである。また、おもに大豆を原料とするものは大豆ミート、小麦を原料とするものはグルテンミートとも呼ばれる。

●ベジミートの種類

ベジミートを、販売されているときの状態で分類すると、❶ 乾燥タイプ、❷ レトルトタイプ、❸ 冷凍タイプの3種類に分けられる。

❶ 乾燥タイプ

乾燥タイプは、ミンチタイプ、スライスタイプ、フィレタイプ、ブロックタイプなどさまざまな形状のものがあり、原材料はメーカーや製品によって異なるが、比較的シンプルなものが多い。常温で長期（1〜2年ほど）保存でき、多くの場合、湯や水でもどしてから使用する。
原料の大豆については、遺伝子組み換えではないものを使用したもの、有機大豆100%のものなどもあり、また大豆だけで作られているもののほかに、つなぎとして小麦たんぱくを使用しているものや、エンドウたんぱく、でん粉、玄米粉など他の素材を混ぜて作られているものもある。

❷ レトルトタイプ

乾燥していない状態で、レトルトパック加工をした製品。もどさずに、パックから出してそのまま使えるので手間がかからない。醤油、清酒、酵母エキスなどでごく薄い味つけがされているものや、しっかりとした味がついているものもある。

❸ 冷凍タイプ

料理素材として使われる冷凍タイプの製品はミンチタイプが多く、挽き肉と同じように扱える。水分量が多いもの、少なめのもの、ほとんど味がついていないもの、薄味がついたもの、香辛料の味を感じるものなど、製品によって特徴がある。でき上がる料理の見た目や風味、食感も肉に近く、再現性の高い料理を作ることができる。

文中の（＊）は、参考・引用文献、ウェブサイトを示す（P.12に記載）。

注1：本書では、おもに料理材料として使用される、動物性の原料不使用の製品をいう。

注2：動物の可食部の細胞を組織培養して得る「培養肉」も、代替肉の一種であるが、本書ではとり上げていない。

●ベジミートの製造方法

乾燥大豆ミートは、エクストルーダーなどの機械によって作られる。原料は、おもに大豆から搾油したあとの脱脂大豆が使われる。自社で大豆の搾油から行う場合と、他社から脱脂大豆を仕入れて使用する場合があり、また、これらを組み合わせて作ることもある。大豆の搾油方法は、有機溶剤であるヘキサン（注3）を用いる化学的な抽出法（溶出法）と、物理的に圧搾する抽出法があるが（＊A）、圧搾法は製造コストが上がるため、特に明記されていない場合は前者と考えられる。

原料の脱脂大豆粉や水を、エクストルーダーなどの機械に投入すると、スクリューにより水と混合されながら加熱・加圧された後（この間に大豆粉のたんぱく質は繊維化される）、吐出部から押し出される。吐出部から出た瞬間に圧力が解放されて一気に膨らみ、肉のような食感が作り出される。この吐出部のパーツを変えることで、さまざまな形の大豆ミートを作ることができる。この後任意の長さに細断、必要に応じて整粒され、乾燥、冷却を経て製品となる（＊B）。また、乾燥させずにレトルト加工をしたものが、レトルト製品となるが、乾燥大豆ミートを湯もどししたものを、レトルト加工した商品もある。冷凍ミンチタイプの製品は、また別の機械により材料を混合して作られる。たとえばかるなぁ社の「ウルトラヴィーガンミート」は、複数の大豆ミートと増粘原料、調味原料を混ぜ合わせ、より複雑な肉の食感を表しているという。また大豆のほか、エンドウ豆や米など他の植物性たんぱく質をブレンドして作られる製品もある。

注3：ヘキサン（ノルマルヘキサン）は、油脂抽出に使われる一般的な溶剤。沸点が69℃と低く簡単に蒸発するため、加工後の製品には残存しないとされる。

●海外の動向

「脱ミート」は世界的な潮流で、代替肉市場は今後も拡大が見込まれている。その背景には、ヴィーガン（後述）やベジタリアン人口の増加があるとされる。観光庁が2020年に作成した「飲食事業者等におけるベジタリアン・ヴィーガン対応ガイド」によると、主要100ヵ国・地域におけるベジタリアン等の人口は、毎年1％近くの増加傾向にあり（注4）、2018年には約6.3億人に達しているという。中でもアメリカ（中南米含む）の増加率は3.9％、ヨーロッパは2.6％と高くなっている。

その背景には、以下のような要因があると考えられている（＊C）（＊D）。

注4：1998年から2018年までの年平均増加率。

①健康志向の高まり。
②世界的に、アニマルウェルフェア（動物福祉）に対する意識や関心が高まっていること。
③畜産が、地球環境に与える影響が広く知られるようになったこと。
④人口増加による食糧危機への懸念。
⑤動物由来の感染症に対する不安。

など。

④については、世界的な人口増加から、近い将来たんぱく質の需要と供給のバランスがくずれると予測されており、「タンパク質クライシス」と呼ばれている。こうしたさまざまな要因により、SDGs（持続可能な開発目標）にも沿った、持続可能なたんぱく質として、代替肉に期待が寄せられている。

代替肉の開発・製造により急成長している企業として、アメリカのビヨンド・ミート社とインポッシブル・フーズ社が知られる。これらのスタートアップ企業の成功により、植物由来の代替肉のブームが始まり、さまざまな企業の市場参入が活発化したとされる。
2009年設立のビヨンド・ミート社は、2016年にエンドウ豆から抽出した植物性たんぱく質をベースに、ハンバーガー用パティを開発・販売し、一気に人気を得た。牛肉の組成を徹底的に研究し、味や食感ばかりでなく、見た目も本物の肉に近づけたことで、ヴィーガンやベジタリアン以外の消費者をもひきつけたことが、その理由といわれる（＊E）。
2011年に設立されたインポッシブル・フーズ社は、大豆やジャガイモなどのたんぱく質を主原料として、植物由来の「ヘム」を使い、肉感の再現性がひじょうに高いバーガーパティなどを開発している。

代替肉市場は、オランダ、カナダ、ブラジルなど世界各国に広がりを見せているが、アジアでは、2018年に設立されたオムニフーズ社が注目を集める。オムニフーズは、2012年に香港に創設されたグリーンマンデーグループの食品開発部門であるフードテック企業。それまで、アメリカ発の代替肉がおもにビーフの代替だったのに対し、アジアで豚肉消費が多いことに着目。カナダを拠点とする研究開発チームが2年の歳月をかけて、豚肉に替わるプラントベース食品として「オムニミートシリーズ」を開発した。2018年に香港で販売を開始し、日本でも、同シリーズの挽き肉タイプ「OMNIミンチ」が2021年から正式販売されている。

●ヴィーガンとは、ベジタリアンとは

日本でも耳にすることが多くなった「ヴィーガン（vegan）」とは、英国ヴィーガン協会によると「人間が動物を搾取することなく生きるべきであるという主義」をヴィーガン主義（ヴィーガニズム）とし、「個人的な状況が許す限り、この理想に近い生活をすることに努めている人」を指すとされる（＊F）。言葉としては、同協会が創設された際に、共同設立者のドナルド・ワトソンが、「Vegetarian〈ベジタリアン〉という語を短縮させて作った」といわれる（＊G）。日本では「完全菜食主義」とも訳されるが、正確には「食」だけに限定されるも

のではない。「動物に苦しみを与えることへの嫌悪」から、食以外にも、動物製品（皮製品、シルク・ウール、毛皮など）も身に着けない。ヴィーガンの食事上の制限には、肉・魚以外にハチミツ（ハチから蜜を奪うため）やゼラチン（動物性の成分から成るため）なども含まれる（注5）。

これに対し「ベジタリアン」は、一般に「野菜中心の食生活をする者」を指す（＊C）。

現在は、ベジタリアンの食スタイルも、ヴィーガンの食スタイルと同じ意味合いで使われることが多いが、かつて欧米では乳製品や卵などの動物性のものを摂るベジタリアンも多かったため、これらを含める場合もある（＊H）。よって、広義のベジタリアンとして、植物性素材のほかに、乳製品は摂取する「ラクト・ベジタリアン」、卵は摂取する「オポ・ベジタリアン」、乳製品と卵は摂取する「ラクト・オポ・ベジタリアン」も含まれる。またこれ以外にも、乳製品と卵に加えて魚介類も摂取する「ペスカタリアン」や、鶏肉などの白身肉まで摂取する「ポロタリアン」といった、セミ・ベジタリアンも存在する（注6）。

また、肉や魚のほかに、五葷を摂取しない人々を「オリエンタル・ヴィーガン」（オリエンタル・ベジタリアンとも）と呼ぶ。五葷とは、おもにネギ類（長ネギ、玉ネギ、アサツキ、エシャロットなど）、ニラ類、ニンニク、ラッキョウを指す(時代や地域によって若干の違いがある)。これは宗教的な理由によるもので、仏教では、五葷を摂取することによって体内のエネルギーのバランスがくずれると考えられ、また、ネギ類はにおいが強く、ニンニクは精力を向上させるともいわれており、修行の妨げになると考えられているためである。この食スタイルをとる人々は仏教徒の多い台湾などに多いため、オリエンタル・ヴィーガンと呼ばれる。

情報サイトVegewelを運営するFrembassyの調査によると、人口に占めるベジタリアン（含ヴィーガン）の割合がもっとも高いのは、インド（29.8%）で、2位がインドネシア（25.4%）。そのほか台湾13.0%、ドイツ11.3%、英国8.7%、米国8%などとなっている（2020年にデータを更新　注7）。

また、20代から60代までの日本人の男女2413人を対象に2021年に行った調査『日本のベジタリアン・ヴィーガン・フレキシタリアン人口調査 by Vegewel』では、自身をベジタリアンとした回答は全体の3.8%、ヴィーガンとした回答は同2.2%だった。合計の6.0%から両方に重複回答した割合0.9%を差し引き、この時点での日本のベジタリアン率は5.1%としている。

さらにVegewelでは、週に1日以上、意識的に動物性食品を減らす食生活を送る人を「フレキシリアン」と定義しているが、同調査では、このフレキシリアンが全体に占める割合は15.8%だった（＊I）。

注5：このように、動物愛護を動機とするヴィーガンは、「エシカル・ヴィーガン」ともいう。これに対し、おもに健康のために食事面のみで実践するヴィーガンは、「ダイエタリー・ヴィーガン」とも呼ばれる。

注6：IVU（国際ベジタリアン連合）では、これらをベジタリアンとは認めていない。

注7：https://frembassy.jp/news-post/begetarianmarket/

●日本の動向

日本でも近年大豆ミートをはじめとする代替肉の認知度が高まり、乾燥やレトルトの商品は、一般的なスーパーマーケットの棚にもならぶようになった。ネット通販ではさらに多くの種類の商品から選ぶことができる。代替肉を使用したり、食べた経験のある日本人は、昔にくらべ増えていると思われる。ただし、日本人の肉の消費量は、もともとアメリカ人の半分以下であり、「肉を食べすぎている」という問題意識はもちにくいのではないかと考えられることから、肉を控えて代替肉をという選択をする動機が、それほど強くないのではとの見方もある（＊J）。また大豆の消費に関しては、日本人は豆腐や納豆など普段からたくさんの大豆製品を消費しているため、あえて積極的に摂取しなくても足りているという点も指摘されている（＊J）。

また、エシカル消費（注8）については、2019年の調査（「世界の消費者意識調査2019」PwC）によると、「持続可能な形での買物」についての問いで、「環境保護を助けるために持続可能な製品を選ぶ」と答えたのは、アメリカ28％、イギリス26％に対し、日本は15％となっている（＊K）。

しかし、電通グローバル・ビジネス・センターと電通総研が実施した2021年の調査によると（＊L）、「気候変動の影響減のため、肉よりも野菜中心のメニューを選ぶ」という項目について、YES（「常に」＋「大体」の合計 注9）と答えた日本人は、18〜29歳で41％、30〜39歳で25％、40〜49歳で16％、50〜59歳で20％、60〜69歳で35％となっている。若年層で割合が高くなっている要因として、SNSが若年層の価値観に大きな影響を与える世界的な傾向が挙げられている。

また、農畜産業振興機構（alic）が2021年1月〜3月にかけて、8ヵ国（日本、米国、中国、ドイツ、インドネシア、タイ、ブラジル、豪州）を対象に行ったアンケート調査によると（＊M）、「食肉代替食品の喫食頻度が1年間に1回以上」と回答した人の場合、多くの国で「おいしいから」「健康・ダイエットによさそうだから」の割合が高い傾向にあり、日本については「おいしいから」（34％）、「価格が手ごろだから」（23％）が8ヵ国の中でもっとも高くなり、「健康・ダイエットによさそうだから」とした人も22％いた。一方、「持続可能性に配慮したものだと思うから」「家畜・家禽にとっていいことだと思うから」は、8ヵ国中もっとも低かった。

以上の結果を見るかぎり、若者層を中心に、意識に変化の兆しはあるものの、全体的に見れば、現時点で日本人が代替肉を選ぶ動機は、味や健康によさそうというイメージ、そして価格の手ごろさなどであると考えられる。特に「おいしさ」は重要な要素といえるだろう。代替肉自体の品質の向上も、大きく影響していると思われる。

「脱ミート」が、海外で先行して進んでいることを考えると、外国人客の存在は無視できないと思われる。インバウンド需要については先行きが不透明ではある

注8：エシカル消費：「倫理的消費」。消費者それぞれが、各自にとって社会的課題の解決を考慮したり、そうした課題にとり組む事業者を応援しながら消費活動を行うこと（＊K）。

注9：「常に」「大体」「時々」「めったにない」「まったくない」までの5段階で聴取。

ものの、日本の飲食店の、代替肉の使用を加速させるひとつの要素であることは間違いないだろう。

新型コロナウイルス感染症（COVID-19）の世界的大流行（パンデミック）以前のデータだが、日本を訪れるベジタリアン・ヴィーガンの外国人旅行者は年間145〜190万人、その飲食費は450〜600億円と推計されている（2018年推計数値。観光庁ウェブサイト）。一方、観光庁が実施した外国人ベジタリアン・ヴィーガンへのアンケート調査によると、日本はベジタリアン・ヴィーガンに対応した飲食店の数が少なく、また情報も少ないという意見が多数あったという。

●大豆ミートと大豆ミート食品

現在日本で製造され、また流通しているベジミートの中で、もっとも多いのは大豆を主原料とした大豆ミートである。中には、大豆とともに使用しているエンドウ豆たんぱくなどの割合が高い製品もあるが、一般的にすべて大豆ミートとして扱われている。なお、「大豆ミート」という名が、おもに料理材料として使われる製品（「大豆ミート原料」注10にあたる）を指す場合と、それを使って作られたハンバーグやソーセージなどの「大豆ミート食品」を指している場合があるが、本書では、おもに前者を指すものとする（一部、料理にも使うことができる「大豆ミート食品」を指している場合もある）。

なお、大豆ミート食品については、日本にはこれまで規格がなかったが、2022年2月、日本農林規格（JAS）が制定された。これにより、大豆ミート原料を用いて、肉様の特徴をもつように加工した食品を「大豆ミート食品類」としたうえで、

①「大豆ミート食品」…動物性原料を使用していない。大豆たんぱく質含有率が10%以上、などの事項を満たすもの。
②「調整大豆ミート食品」…卵、乳製品、動物由来の調味料の使用は認める。大豆たんぱく質含有率が1%以上、などの事項を満たすもの。

の、2種に分けられることとなった（詳しくは、農林水産省のウェブサイトなどを参照）。

注10：大豆ミート原料（日本農林規格「大豆ミート食品類」より）：
（1）大豆または大豆加工品に加工処理を施し、たんぱく質含有率を高めたもの。
（2）（1）を加熱、加圧等の物理的作用によって粉末状、ペースト状、粒状、繊維状等に成形したもの。
（3）（1）または（2）に、大豆以外の植物性原料、食用植物油脂、食塩、でん粉、食品改良剤、乳化剤、酸化防止剤、着色料、香料、調味料等（動物性原材料由来のものを除く。）を加えたもの。

〈 参考・引用文献、ウェブサイト 〉

＊A：「大豆の物理的搾油残渣『大豆圧搾ミール』の特性と食品への利活用（1）」
＊B：「大豆タンパク質の製造と食品への利用」
＊C：大和総研レポート「なぜ今、ヴィーガン（ベジタリアン）なのか」
＊D：Foovo「代替肉はなぜ必要なのか？代替肉の必要性、分類、現状をわかりやすく解説」
＊E：三井住友ファイナンシャルグループレポート「〜特集〜タンパク質クライシスと気候変動問題を"おいしく"解消する植物性代替肉」
＊F：「ヴィーガン」の本当の意味とは？-アニマルライツセンター（arcj.org）
https://arcj.org/vegan/vegan-meaning
＊G：日本ヴィーガン協会ウェブサイト
＊H：日本エシカルヴィーガン協会ウェブサイト
＊I：https://vegewel.com/style/statistics3
＊J：maff.go.jp「2.調査結果2.1代替肉」
＊K：農林水産省大臣官房 環境政策室「消費行動関係資料」
＊L：株式会社電通広報局電通報「エシカル消費をリードする日本の若年層。その消費と価値観に迫る！」
＊M：農畜産業振興機構「各国における食肉代替食品の消費動向」

●大豆ミートの栄養価

管理栄養士　山下圭子

大豆ミートは、脱脂大豆を主原料としている。大豆は約20％が脂質で大豆油として食品化されており、これを除いたものが脱脂大豆である。大豆ミートには、大豆100％のものから小麦やえんどうなど他の植物たんぱくを含むものまでさまざまあるが、ここでは、日本食品標準成分表2020年版（八訂）の「粒状大豆たんぱく」（乾燥大豆ミート）のデータを用いている。大豆ミートには、以下のような栄養的特徴がある。

❶ 良質なたんぱく質

植物性食品でありながら、動物性食品に匹敵する質と量のたんぱく質を含む。

❷ 低脂質、低エネルギー

油を圧搾したあとの脱脂大豆を原料とするため、脂質が低く、低エネルギーである。

表Ⅰ：肉類と大豆ミート100gあたりの栄養価

	エネルギー（kcal）	たんぱく質（g）	脂質（g）	アミノ酸スコア	備考
豚もも	138	18.0	5.4	100	大型種肉、もも、皮下脂肪なし
鶏むね	133	17.3	5.5	100	若鶏、むね、皮つき
豚ロース	248	17.2	18.5	100	大型種肉、ロース、脂身つき
牛もも	169	17.1	9.2	100	乳用肥育牛肉、もも、皮下脂肪なし
鶏もも	190	17.0	13.5	100	若鶏、もも、皮つき
大豆ミート	**106**	**14.7**	**0.6**	**100**	**粒状大豆たんぱく、水で戻したもの**
豚ばら	366	12.8	34.9	100	大型種肉、ばら、脂身つき
牛ロース	380	12.5	35.0	100	乳用肥育牛肉、リブロース、脂身つき
牛ばら	381	11.1	37.3	100	乳用肥育牛肉、ばら、脂身つき

※「乳用肥育牛」は、乳用牛の雄牛を食肉用に肥育したもの。販売されている肉は「国産牛」と表示されていることが多い。
※たんぱく質は「アミノ酸組成によるたんぱく質」、脂質は「トリアシルグリセロール当量」の値を使用。アミノ酸スコアについてはP.14参照。

❸ コレステロールゼロ

植物性食品はほぼコレステロールを含まない。動物性食品との大きな違いである。コレステロールは脂質の一種で、体内に蓄積すると動脈硬化や脂質異常症の原因となるため、日本人の食事が欧米化してからは過剰摂取が問題視されている。一方、不足すると血管がもろくなるほか、消化液、ホルモン、ビタミンDの材料でもあるため、適度に必要である。

私たちの体を構成するたんぱく質は、20種類のアミノ酸からできている。そのうち、体内で合成できない9種類のアミノ酸を必須アミノ酸といい、食べ物から摂る必要がある。必須アミノ酸がどのようなバランスで含まれているかを表した数値が、アミノ酸スコアである。100が最大値で、100に近いほど良質なたんぱく質といえる。どれかひとつでも基準に満たないアミノ酸があれば、数値は低くなる。

動物性たんぱく質も植物性たんぱく質も、アミノ酸スコアが同じであれば質は同等である。違いは食品中の含有量だ。概ね動物性食品のほうがたんぱく質含有量は多いため効率よく摂取でき、植物性食品のほうがたんぱく質含有量は少ないため、大量に食べる必要がある。牛が1日36kgの草を食べて牛肉になることを考えると、想像しやすいかもしれない。

植物性たんぱく質を効率よく摂るには、含有量が多い豆類、中でも大豆（未熟豆の枝豆を含む）・大豆製品をとり入れ、含有量が少ない野菜は、ブロッコリーやとうもろこし、たけのこなど、アミノ酸スコア100のものを選ぶとよい。

食品の栄養成分やアミノ酸スコアはインターネットでも簡単に検索できるが、過去のデータが混在しているため注意が必要だ。食品分析の技術向上や作物の品種改良によりデータは変化している。現在、日本食品標準成分表2020年版（八訂）のデータが最新である。

❹ 食物繊維、鉄分、カルシウム、カリウムが豊富

食物繊維、鉄分、カルシウムは日本人に不足しがちな栄養素である。カリウムは、高血圧の原因になるナトリウムの排泄を促す働きをもつ。

表2：豚肉100g、大豆ミート100gを生姜焼きにしたときの栄養価

	エネルギー（kcal）	たんぱく質（g）	脂質（g）	コレステロール（mg）	食物繊維（g）	カルシウム（mg）	鉄（mg）	カリウム（mg）
豚ロースの生姜焼き	344	16.3	28.0	62	0.3	8	0.5	390
大豆ミートの生姜焼き	**175**	**15.4**	**6.5**	**0**	**6.2**	**95**	**2.8**	**879**
	-50%		-75%		20倍	12倍	5.6倍	2.2倍

※大豆ミートはもどしたもの100g。調味料や油の量は同じ。
※たんぱく質と脂質については、P.13表1の※に同じ。

鉄にはヘム鉄と非ヘム鉄があり、体内への吸収率はヘム鉄のほうが断然高い。動物性食品は両者を含むが、植物性食品は非ヘム鉄のみである。表2の生姜焼きを比較した場合、含有量は5.6倍でも、吸収率を加味すると1〜2倍と考えられる。鉄の吸収率は、体内の鉄貯蔵量や食べ合わせによって異なり、より吸収率を高めるには、ビタミンCを一緒に摂るとよい。

❺ 不足しがちな栄養素

一方大豆ミートには、下記のビタミン類はほとんど含まれていない。

①ビタミンA、ビタミンC、ビタミンE
　３つ合わせてビタミンＡＣＥ（エース）とも呼ばれ、おもに緑黄色野菜に多く含まれる。
②ビタミンD
　おもに動物性食品に含まれるビタミンで、植物性食品ではきのこ類にしか含まれない。また、紫外線を浴びることにより体内で生成できるのも特徴である。
③ビタミンB₁₂
　植物性食品には藻類や高野豆腐にわずかに含まれる程度で、動物性食品を摂らないと不足して悪性貧血や神経障害を起こしてしまう。動物性食品を摂らない場合は、サプリメントで補う必要がある。

❻ 機能性成分と健康効果

大豆には、さまざまな機能性成分が含まれている。イソフラボンやサポニンはその代表格である。そのうち、脂質をとり除いた大豆ミートにも含まれる成分を下記に示す。

機能性成分	期待される健康効果
大豆たんぱく質	コルステロール低下、中性脂肪低下、血糖低下、がん予防
大豆ペプチド	コルステロール低下、中性脂肪低下、血糖低下、血圧上昇抑制、抗酸化、摂食抑制、免疫調整
大豆イソフラボン	更年期障害症状の軽減、骨粗しょう症予防、がん予防、抗酸化
大豆サポニン	がん予防、血圧上昇抑制、コルステロール低下、抗酸化、抗血栓
大豆オリゴ糖	ビフィズス菌の増殖による腸内環境改善、免疫調整

参考図書：『栄養「こつ」の科学』（柴田書店）、『大豆と日本人の健康』（幸書房）、『大豆食品』（光琳）

このように大豆ミートは、動物性食品と同等のたんぱく質を含むうえに、植物性食品の利点を合わせもつ食材といえる。栄養的特徴を知ったうえで、不足しがちなビタミン類と組み合わせて上手にとり入れるとよいだろう。

●ベジミートを上手に使うコツ

ベジミートを使った「おいしい料理」を作る場合、2つの方向が考えられるだろう。ひとつは、ベジミートを肉代わりに使い、見た目、味、食感などを肉料理に極力近づける方向で、「いわれなければ肉でないことに気づかない」という仕上がりを目指す。多くの人が食べたことのある唐揚げやハンバーグ、ミートボールなど、肉を主素材とした料理があてはまる。もうひとつは、ベジミートを新しい素材としてとらえ、おいしい料理に仕立てるという方向である。かならずしも肉にそっくりというわけではないが、おいしい料理として充分に成立する仕上がりを目指す。ベジミートの品質が向上したことで、また、さまざまなタイプの製品が開発され流通するようになったことで、どちらにも対応が可能となり、食材としての幅が広がったといえるだろう。

乾燥大豆ミートは、基本的に水や湯に浸けたり、ゆでるなどしてもどしてから使用する。その後、水洗いの後にしっかりと絞り、大豆の臭いをできるだけとり除くようにするとよい（それぞれの店の下処理を参照のこと）。また下処理後の調理については、次のような点に留意するとよいだろう。

・動物性素材を使わずに作る場合、肉などにくらべて足りないうま味を補うために、野菜やキノコなど、うま味のある植物性素材を合わせて使う。

・ブロックタイプの大豆ミートは、調味液に一定時間浸けておくなどすると味が染み込みやすくなる。

・肉と相性のよいスパイスや調味料を使うことで、より「肉らしさ」を感じさせることができる。

・大きなブロックタイプの大豆ミートになるほど、肉との食感の違いがわかりやすくなる。粉をまぶして揚げ、外側をカリッとさせるなどして肉料理のような食感を再現すると、大豆ミート自体の食感は気にならなくなる。

・ミンチタイプの製品は、挽き肉との食感の違いが比較的わかりにくいが、料理によってやわらかさ、弾力のなさが気になる場合は、外側をしっかり焼くなどしてメリハリをつけるとよい。

専門店に教わる、
基本料理・定番料理

ヴィーガン料理専門店の人気メニューや基本料理を、
ベジミート使いのノウハウとともにご紹介。

T's レストラン

engawa cafe

PEACE TABLE

THE NUTS EXCHANGE

T's レストラン

(ティーズレストラン)

動物性の食品をいっさい使用しないT'sレストランにとり、たんぱく質素材である大豆ミートは、

野菜とならんで重要な素材のひとつ。唐揚げや餃子、ハンバーグ、カレーなどの人気メニューには、どれも大豆ミートを使用している。

使っているのはおもに、かるなぁ社の乾燥大豆ミートで、料理により小さめのブロックタイプ、大きめの唐揚げタイプ、スライスタイプ、

ミンチタイプなどを使い分けている。乾燥の大豆ミートはすべてゆでてもどしてから使用。ゆでたものは、形をくずさないよう注意しながら、

水で洗って絞る作業を、水を替えながら3回ほどくり返し、大豆臭さをできるだけ抜いている。

この作業を丁寧に行うことで、その後の調理がしやすくなる。

このほかに本書では、生（冷凍）タイプのオムニミートや大豆ハム、自社で開発した

ソイチャーシューなどを使用した料理もご紹介した。

● T's レストランの、乾燥大豆ミートの下処理

ゆで時間は大豆ミートの形状や量によるが、ブロックタイプなら、手で触って硬い部分がなくなっているかどうかが目安。

大きいものほど大豆臭さは抜けにくいため、その後下味をしっかりつけたり、外側に味をからめたりする料理に向いている。ミンチタイプや薄切りタイプは、比較的臭いが抜けやすく味も入りやすいため、ある程度薄味の料理も可能である。

もどした大豆ミートは、時間が経つにつれて臭いが出てくるため、そのまま長時間おくのは難しい。保存する場合は下味をつけた状態で保存し、2〜3日のうちに使いきるようにする（冷凍保存も可能）。

［乾燥大豆ミート（ミンチタイプ）の下処理］

「大豆まるごとミート（ミンチタイプ）」→ P.148 ❶

1　鍋にたっぷりの水を入れて火にかけ、沸騰したら大豆ミートを入れる。

2　再び沸いたら、吹きこぼれない火加減にして5分ほど（量による）ゆでる ⓐ。

3　ザルにあけて、湯をきる ⓑ。

4　ザルをボウルにのせて水を注ぎ、ザルの中でやさしく握ったり押したりしながら洗う ⓒ。

5　3〜4回水を替えながら洗ったら、両手で包んでしっかり水気を絞る ⓓⓔ。

[乾燥大豆ミート（ブロックタイプ）の下処理]

「ソイミート（唐揚げタイプ）」→ P.150 ㉖

「大豆まるごとミート（ブロックタイプ）」→ P.150 ㉕

1　鍋にたっぷりの水を入れて火にかけ、沸騰したら大豆ミートを入れる。

2　再び沸いたら、吹きこぼれない火加減にして10分ほど（量による）ゆでるⓐ。

3　ザルにあけて、湯をきるⓑ。

4　ザルをボウルにのせて水を注ぎ、ザルの中でやさしく握ったり押したりしながら洗うⓒ。

5　3回ほど水を替えながら洗ったら、両手で包んでしっかり水気を絞るⓓⓔ。

● T'sレストランのヴィーガンだしとソース

ご家庭でもおいしいヴィーガン料理が気軽に楽しめるようにと、T'sレストランでは、ヴィーガンだし（粉末）やホワイトソースを商品化している。動物性のうま味素材にたよれない分、植物性のうま味やコクを加えるだしやソースの役目は大きい。

※これらの商品は、T'sレストランの店舗、オンラインショップでもご購入いただける。

T's 野菜だし　　　　T's 中華だし　　　　T's ホワイトソース

ユーリンチー
油淋鶏

基本の大豆ミートの唐揚げに、甘みのある酢醤油風味
のたれをからめる油淋鶏は、T'sレストランの人気メ
ニューのひとつ。

店では、一般的な唐揚げサイズの大豆ミートではなく、
少し小さめのブロックタイプをまとめて唐揚げの大き
さに成形している。小さめのブロックは、唐揚げ用に
くらべ下処理によって大豆臭さが抜けやすく、また、
これをまとめて揚げると、やわらかく噛み切りやすい
唐揚げになる。ただし、成形する際にあまり強く握り
すぎると硬くなるので注意する。ギリギリまとまるよ
うにふわっと握ってまとめ、揚げて外側を固めるよう
にするとよい。

VEGAN

材料（1人分）
基本の唐揚げ（下記）… 4個
A 　醤油 … 35g
　　酢 … 60g
　　甜菜糖 … 50g
　　ごま油 … 10g
　　タカノツメ（輪切り）… 少量
レタス、長ネギ（粗みじん切り）、糸唐辛子 … 各適量

作り方
1 Aを鍋に入れて火にかける。
2 甜菜糖が完全に溶けたら、基本の唐揚げを入れ、火にかけ
ながらからめる⒜。
3 レタスを敷いた器に盛り、長ネギと糸唐辛子をのせる。

●基本の唐揚げ

大豆ミートの唐揚げは、鶏肉にくらべ揚げ時間が短く
てすむ。店では営業前に揚げるところまでを行い、オ
ーダーが入ってから、オーブンで仕上げている。この
基本の唐揚げはこのまま提供するほか、さまざまなソ
ースをからめるなどのアレンジが可能である。

材料（30g × 10個分）
大豆ミート（小さめのブロックタイプ。乾燥）
　… 100g（もどすと300gになる）
片栗粉 … 適量
揚げ油（サラダ油）… 適量
A 　醤油 … 40g
　　料理酒 … 15g
　　生姜（すりおろし）… 10g
　　ニンニク（すりおろし）… 10g

使用ベジミート 「大豆まるごとミート（ブロックタイプ）」→ P.150 ㉕

作り方
1 大豆ミートは、P.19同様にして15分ほどゆでてもどし、水
気を絞っておく。
2 1の大豆ミートをボウルに入れ、Aを加えて混ぜ合わせ⒜、
味がなじむまで10分ほどおく。
3 2の大豆ミートのまわりが少し白くなるまで片栗粉を入れ
て、和える⒝。
4 鍋に底から5cmほどまで油を注ぎ、180℃に熱する。
5 3を、唐揚げの大きさにふわっと握ってまとめながら4に
入れ⒞⒟、キツネ色になるまで3分ほど揚げる。油をき
る⒠。

ヤンニョムチキン

基本の唐揚げに、コチュジャンなどの調味料をからめ、韓国料理風に。

材料（1人分）
基本の唐揚げ（P.21）… 4個
A コチュジャン … 30g
　 ケチャップ … 25g
　 醤油 … 15g
　 みりん … 15g
　 甜菜糖 … 5g
　 ニンニク（すりおろし）… 5g
白ごま … 適量

作り方
1 Aを混ぜ合わせ、フライパンに入れて火にかける。
2 1に基本の唐揚げを入れ、火にかけながらからめる@。白ごまを加えて混ぜ、器に盛る。

ベジマヨチキン

基本の唐揚げに、豆乳で作るベジマヨネーズをたっぷりからめる。

材料（1人分）
基本の唐揚げ（P.21）… 4個
ベジマヨネーズ
　 豆乳 … 50g
　 酢 … 15g
　 マスタード … 10g
　 米油 … 90g
　 白味噌 … 10g
　 塩 … 適量
　 白コショウ … 適量
乾燥バジル … 適量

作り方
1 ベジマヨネーズを作る。豆乳、酢の半量、マスタード、塩、コショウを、バーミックスで混ぜ合わせる。
2 1に米油を少しずつ入れながら、バーミックスで混ぜて乳化させていく。途中で残りの酢も加える。最後に白味噌を入れて混ぜる。
3 2をボウルに入れ、基本の唐揚げを入れてからめる@。器に盛り、乾燥バジルをふる。

生姜焼き

薄切り豚肉に見える、スライスタイプの大豆ミートを
使用。しっかり焼き目がつくように炒めることで、生
姜焼きらしい仕上がりになる。

材料（1人分）
大豆ミート（スライスタイプ。乾燥）
　… 50g（もどすと150gになる）
玉ネギ（1cm幅のくし形切り）… 1/4個分（約70g）
米油 … 適量
A　玉ネギ（すりおろし）… 15g
　　生姜（すりおろし）… 8g
　　ニンニク（すりおろし）… 5g
　　醤油 … 30g
　　料理酒 … 30g
　　みりん … 15g
　　甜菜糖 … 15g
キャベツ（せん切り）、ミニトマト、ベジマヨネーズ
　（P.22）… 各適量

| 使用ベジミート | 「ソイミート（スライスタイプ）」→ P.149 ⓭ |

VEGAN

作り方

1　大豆ミートは、P.19同様にして10分ほどゆでてもどし、水
　気を絞っておく ⓐⓑⓒ。

2　A は混ぜ合わせておく。

3　フライパンに米油をひいて火にかけ、玉ネギを入れて炒め
　る。透き通ってしんなりしてきたら、1 の大豆ミートを加
　えて炒め焼く ⓓ。

4　全体に焼き目がついてきたら 2 を加え、玉ネギと大豆ミ
　ートにしっかりからめていく ⓔ。

5　たれが全体にからみ、水分がとんだらでき上がり。キャベ
　ツとともに器に盛り、ミニトマトとベジマヨネーズを添え
　る。

酢豚

唐揚げサイズの大豆ミートを、角切りの豚バラ肉に見立てて使用する。唐揚げとならび、ブロックタイプの大豆ミートで作りやすい定番料理。

VEGAN

材料（2人分）

大豆ミート（ブロックタイプ。乾燥）
　… 50g（もどすと150gになる）

A　ニンジン … 1/3個
　　玉ネギ … 1/4個
　　ピーマン … 1個
　　シイタケ … 2個

B　生姜（みじん切り）… 5g
　　ニンニク（みじん切り）… 5g
　　醤油 … 10g
　　料理酒 … 5g
　　甜菜糖 … 5g
　　ごま油 … 5g
　　塩 … 少量
　　白コショウ … 少量

C　酢 … 45g
　　甜菜糖 … 45g
　　醤油 … 30g
　　ケチャップ … 30g
　　酒 … 15g
　　塩 … 2g
　　水 … 15g

揚げ油（サラダ油）… 適量
水溶き片栗粉（片栗粉10g＋水25g）… 35g

| 使用ベジミート | 「ソイミート（唐揚げタイプ）」→ P.150 ㉖ |

作り方

1　大豆ミートは、P.19のようにして10分ほどゆでてもどし、水気を絞っておく。
2　A の野菜とシイタケを一口大に切る。
3　C は混ぜ合わせておく。
4　1の大豆ミートに、B を加えて混ぜ、下味をつける。
5　4に片栗粉を適量（分量外）加えてまぶしつける。
6　5をふんわり握って形を酢豚の肉のように整えながら、170℃に熱した油に入れて、軽く色づくまで揚げる。油をきる。
7　2 も、硬い順に油通しする。
8　フライパンに 3 を入れて中火にかけ、6 と 7 を入れて混ぜ合わせる。なじんだら、水溶き片栗粉をまわし入れてとろみをつける。

肉じゃが

薄切りの牛肉を模した大豆ミートを使用。火を止めて
から少しおき、大豆ミートに味を染み込ませるように
するとよい。

材料（2人分）

大豆ミート（スライスビーフタイプ。乾燥）
　… 70g（もどすと210gになる）
こんにゃく麺（または白滝）… 50g
ジャガイモ … 2個
ニンジン … 1本
玉ネギ … 1個
キヌサヤ … 5〜6枚
塩 … 適量
サラダ油 … 適量
A 　水 … 200g
　　液体和風だし（※）… 10g
　　醤油 … 30g
　　料理酒 … 30g
　　みりん … 30g
　　甜菜糖 … 10g

※液体和風だし：昆布やシイタケなどを原料とした、T'sレストランのオリジ
　ナルだし。一般販売はしていないが、業務用卸しは可能。

使用ベジミート 「ソイミート（ビーフタイプ）」→ P.149 ⑰

作り方

1　大豆ミートは、P.19同様にして7分ほどゆでてもどし、水
　気を絞っておく ⓐⓑⓒ。

2　ジャガイモ、ニンジンは皮をむいて一口大に切り、玉ネ
　ギは皮をむいて縦半分にし、繊維に沿って1cm幅に切る。
　キヌサヤは塩ゆでしておく。

3　鍋にサラダ油をひき、ジャガイモ、ニンジンを入れ、まわ
　りが透き通るまで3〜5分炒める。玉ネギを加え、軽く炒
　める。

4　3の鍋に A を入れ、落とし蓋をして10〜15分ほど煮る。

5　ジャガイモがやわらかくなったら、1の大豆ミートとこん
　にゃく麺を加え ⓓ、5分ほど煮込む。火を止めて、大豆
　ミートに味を含ませる。

6　半分に切ったキヌサヤを散らし、器に盛り付ける。

盛り付けてから、白ごまをふった。

しぐれ煮

VEGAN ／ 五葷不使用

ビーフタイプの大豆ミートを、生姜の風味が効いたし
ぐれ煮に。冷めてもおいしく食べられるので、お弁当
などにも使いやすい。

材料（作りやすい量）

大豆ミート（スライスビーフタイプ。乾燥）
　… 70g（もどすと210gになる）
生姜（皮をむいてせん切り）… 20g
A　醤油 … 25g
　　みりん … 25g
　　酒 … 60g
　　甜菜糖 … 20g
　　水 … 60g

使用ベジミート 「ソイミート（ビーフタイプ）」 → P.149 ⑰

作り方

1　大豆ミートは、P.19同様にして7分ほどゆでてもどし、水
　気を絞っておく。
2　鍋にAを入れて火にかける。沸騰したら1の大豆ミート
　を入れて⒜、落とし蓋をして⒝、吹きこぼれないように
　中火で煮込む。
3　水分がなくなってきたら火を止め、生姜を入れて、全体に
　からめる。

盛り付けてから、小口切りにした青ネギをのせた。

肉味噌

ご飯にかけたり麺にのせたりと、さまざまな使い方が
できる便利な肉味噌。冷蔵庫で1週間は保存できる。

材料（作りやすい量）

大豆ミート（ミンチタイプ。乾燥）
  … 70g（もどすと210gになる）
玉ネギ（みじん切り）… 1/2個分（約150g）
ニンニク（みじん切り）… 10g
ごま油 … 15g
A 　豆板醤 … 15g
　　甜麺醤 … 45g
　　料理酒 … 15g
　　粉末中華だし（ヴィーガン用。P.19参照）… 2g
　　醤油 … 10g
　　甜菜糖 … 10g
辣油 … 15g

使用ベジミート 「大豆まるごとミート（ミンチタイプ）」→ P.148 ❶

作り方

1　大豆ミートは、P.18同様にして5分ほどゆでてもどし、水
　気を絞っておく。

2　フライパンにごま油とニンニクを入れ、弱火にかける。

3　香りが立ってきたら玉ネギを入れ、しんなりするまで炒め
　る。

4　1の大豆ミートを入れてしっかり炒めたら@、A を入れ、
　全体になじませる⑥。

5　最後に辣油を加えて混ぜる。

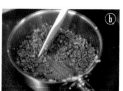

麻婆豆腐

香味野菜をじっくり炒めて油に香りを移してから、大豆ミートを加えるのがポイント。

材料（2人分）

絹ごし豆腐 … 1丁
塩 … ひとつまみ
大豆ミート（ミンチタイプ。乾燥）
　… 40g（もどすと120gになる）
米油 … 30g
A 　長ネギ（みじん切り）… 1/3本分
　┌　生姜（みじん切り）… 10g
　└　ニンニク（みじん切り）… 10g
B 　豆板醤 … 15g
　└　甜麺醤 … 15g
醤油 … 15g
料理酒 … 15g
C 　粉末中華だし（ヴィーガン用。P.19参照）… 5g
　└　水 … 160g
砂糖 … 5g
水溶き片栗粉（片栗粉10g＋水20g）… 30g
ごま油 … 適量
辣油 … 適量
D 　長ネギ（みじん切り）… 1/3本分
　└　花椒 … 適量

使用ベジミート 「大豆まるごとミート
（ミンチタイプ）」→ P.148

作り方

1 　大豆ミートは、P.18同様にして5分ほどゆでてもどし、水気を絞っておく。

2 　豆腐を一口大に切り、塩をひとつまみ加えた湯に入れ、火にかけて温める（沸騰はさせない）。

3 　**C** を合わせて中華スープを作る。

4 　フライパンに米油と **A** を入れて弱火にかける。

5 　香りが立ってきたら、1 の大豆ミートを加えて中火で加熱する(ⓐ)。

6 　全体が混ざったら **B** を加えて炒め、なじんだら醤油を加え、しっかり炒める。

7 　料理酒と 3 の中華スープを加えて少し煮たら(ⓑ)、湯をきった 2 の豆腐を入れる。

8 　沸騰したら火を弱め、1分ほど煮る（(ⓒ)豆腐をくずさないように、手前から奥にヘラで押すようにして豆腐とスープをなじませる）。砂糖を加える。

9 　全体がなじんできたら、水溶き片栗粉を少しずつ加えてとろみをつける。

10 　ごま油と辣油を加える。豆腐の表面に油がうっすら浮いてくるまで、軽くゆすりながら弱火で煮込む。

11 　火を止めて器に盛り、**D** の長ネギと花椒をふる。

盛り付けてから、糸唐辛子を飾った。

餃子

たっぷりの野菜とミンチタイプの大豆ミートで作る、定番の焼き餃子。蒸し焼きにしてからごま油を加え、表面をパリッと焼き上げて、食感にメリハリをつける。

材料（8個分）
大豆ミート（ミンチタイプ。乾燥）
　… 20g（もどすと60gになる）
A　キャベツ（みじん切り）… 100g
　　長ネギ（みじん切り）… 1/2本分
　　玉ネギ（みじん切り）… 1/3個分
　　生姜（みじん切り）… 15g
　　ニンニク（みじん切り）… 5g
　　ニラ（5mm幅に切る）… 1束分
B　粉末中華だし（ヴィーガン用。P.19参照）… 5g
　　醤油 … 15g
　　甜菜糖 … 5g
　　甜麺醤 … 5g
　　塩 … 5g
　　白コショウ … 少量
餃子の皮 … 8枚
米油 … 適量
ごま油 … 20g

使用ベジミート 「大豆まるごとミート（ミンチタイプ）」 → P.148 ❶

作り方
1　大豆ミートは、P.18同様にして5分ほどゆでてもどし、水気を絞っておく。
2　ボウルに A の野菜と 1 の大豆ミート、B を入れ、手でやさしく混ぜる（ⓐ水分が出るので練りすぎない）。
3　混ざったら、乾かないようラップをして冷蔵庫で30分ねかせる。
4　3 の餡を、餃子の皮に一口大分ずつのせ、皮のふちに水をつけ、ひだを寄せながら包む ⓑ ⓒ ⓓ。
5　フライパンに米油をひいて 4 をならべ、まわりに水を適量入れる。蓋をして、中火で5分ほど蒸し焼きにする。
6　水分がなくなってきたら蓋をはずし、餃子のまわりからごま油を入れる。底に焼き目がついたら器に盛り付ける。

春巻き

VEGAN

具材は炒めて水分をとばしてから、水溶き片栗粉
でしっかりとろみをつけると巻きやすくなる。

溶きがらしを添えて盛り付けた。

材料（5本分）

大豆ミート（ミンチタイプ。乾燥）
　… 20g（もどすと60gになる）
春雨 … 40g
ニンジン（せん切り）… 50g
シイタケ（せん切り）… 10g
長ネギ（せん切り）… 1/2本分
生姜（みじん切り）… 5g
ニンニク（みじん切り）… 5g
ごま油 … 15g
A　粉末中華だし（ヴィーガン用。P.19参照）… 5g
　　醤油 … 13g
　　甜菜糖 … 5g
　　塩 … 3g
　　コショウ … 少量
水溶き片栗粉（片栗粉10g＋水20g）… 30g
春巻きの皮 … 5枚
のり（小麦粉＋水）… 適量
揚げ油（サラダ油）… 適量

使用ベジミート 「大豆まるごとミート（ミンチタイプ）」→ P.148 ❶

作り方

1　大豆ミートは、P.18同様にして5分ほどゆでてもどし、水気を絞っておく。

2　春雨は湯通しした後、約5cm長さに切る。

3　フライパンにごま油をひいて火にかけ、生姜、ニンニクを入れて香りを出す。

4　ニンジンを入れてしんなりするまで炒め、シイタケと長ネギを入れて炒める。

5　1の大豆ミートと2の春雨を入れて炒め合わせるⓐ。Aを加えて混ぜ、全体に味がついたら水溶き片栗粉を加えて混ぜるⓑ。とろみがついたら、バットに広げて粗熱をとる。

6　5を、通常通りに春巻きの皮で包んでのりでとめるⓒⓓⓔ。

7　160℃の油に入れて、表面がうっすら茶色くなるまで揚げたら一度とり出し、4〜5分やすませる。

8　油の温度を180℃に上げて春巻きをもどし、全体がキツネ色になりカラッとするまで揚げる。

ラザニア

大豆ミートのミートソースと、植物性のホワイトソースで作る、ヴィーガンラザニア。大豆ミートはソースを加える前にあまり長く炒めすぎると、ソースの吸い込みが悪くなるので、全体を混ぜてなじませる程度でよい。

材料（15 cm×10 cmの楕円形のグラタン皿1個分）

大豆ミート（ミンチタイプ。乾燥）
　… 20g（もどすと60gになる）
ラザニアシート … 3枚
ホワイトソース（ヴィーガン用。P.19参照）… 100g
豆乳ホイップ（市販）… 5g
玉ネギ（みじん切り）… 1/4個分
ニンニク（みじん切り）… 3g
オリーブ油 … 5g
A　カットトマト缶 … 50g
　　ケチャップ … 10g
　　ウスターソース … 10g
　　粉末野菜だし（ヴィーガン用。P.19参照）… 5g
　　ローリエ … 1枚
　　ナツメグパウダー … 少量
　　オレガノ（ドライ）… 少量
　　塩 … 少量
　　黒コショウ … 少量
パン粉 … 適量

使用ベジミート　「大豆まるごとミート（ミンチタイプ）」→ P.148 ❶

作り方

1　大豆ミートは、P.18同様にして5分ほどゆでてもどし、水気を絞っておく。
2　ホワイトソースに豆乳ホイップを加えて混ぜ合わせておく。
3　鍋に湯を沸騰させ、ラザニアシートを入れて中火にし、表示時間ゆでる。
4　ミートソースを作る。鍋にオリーブ油をひいて弱火にかけ、ニンニクを入れて香りが立つまで炒める。
5　玉ネギを入れて軽く炒めたら、1 の大豆ミートを入れてさらに中火で炒めるⓐ。
6　A を入れ、水分が少なくなるまで15分ほど煮込むⓑ。
7　グラタン皿の底に 2 のソースを適量広げる。その上に 3 のラザニアシート、2 のソース、6 のミートソースの順に 2 回くり返して入れⓒⓓⓔ、最後にラザニアシート、2 のソース、パン粉の順に重ねる。
8　240℃のオーブンで10分ほど焼く。

ハンバーグ

オムニミートを使用したシンプルなハンバーグ。味や
食感も、挽き肉を使ったハンバーグに近い仕上がりに。

材料（2人分）

オムニミート（冷凍を解凍したもの）… 350g
玉ネギ（みじん切り）… 1/2個分
パン粉 … 20g
豆乳 … 50g
塩 … 4g
白コショウ … 少量
ナツメグパウダー … 少量
サラダ油 … 大さじ1
ハンバーグソース（下記）… 適量
好みの野菜 … 適量

| 使用ベジミート | 「オムニミート」 → P.152 **39** |

作り方

1　パン粉を豆乳に浸す。

2　ボウルにオムニミートと玉ネギ、1 を入れ、しっかりと練る。

3　塩、白コショウ、ナツメグの順に加えて、さらに練る⒜。

4　3 のタネを2等分し、サラダ油（分量外）をつけた手でまとめ、両手の間で10回ほど行き来させて空気を抜き、ふっくらした楕円形にする⒝。

5　まん中を少しへこませ、サラダ油（分量外）を表面にぬってなめらかにする。

6　フライパンを熱してサラダ油をひき、5 をならべて（ここでは1個ずつ焼いている）、中火で2分ほど焼く⒞。

7　下側の表面に薄茶色の焼き目がついてきたら、裏返して2分焼く⒟。

8　プラックに移し、240℃のオーブンで3分焼き、裏返してまた3分焼く。

9　器に盛り付けてハンバーグソースをかけ、野菜を添える。

● ハンバーグソース

材料（2人分）

赤ワイン … 100g
A　ケチャップ … 50g
　　中濃ソース … 50g
　　甜菜糖 … 5g
　　醤油 … 5g
　　溶きがらし … 5g
豆乳ホイップ（市販）… 20g
ヴィーガンバター（あれば）
　　… 10g

作り方

1　赤ワインを鍋に入れ、鍋の底が見えるくらいまで煮詰める。

2　A を入れ、混ぜながら中弱火で1〜2分煮詰める。

3　仕上げに豆乳ホイップとヴィーガンバターを加えて、なじませる。

ロールキャベツ　ハンバーグと同じタネを使って作る。

材料（2個分）

ハンバーグのタネ（上記の作り方1〜4のように作る）
　… 100g×2個
キャベツの葉 … 4枚
ニンジン … 1/2本
玉ネギ … 1/4個
ブロッコリー … 60g
A　カットトマト缶 … 250g
　　水 … 200g
　　粉末野菜だし（ヴィーガン用。P.19参照）… 10g
　　塩 … 少量
　　コショウ … 少量

作り方

1　ニンジン、玉ネギ、ブロッコリーは、一口大に切る。

2　キャベツは、沸騰した湯で湯通しする。水気をとる。

3　キャベツは2枚を1個分としてハンバーグのタネをのせ、通常通りに巻いて、巻き終りを爪楊枝でとめる。

4　鍋に A を入れて混ぜ合わせ、1 の野菜を入れる。3 を、巻き終りを下にして入れ、中火にかける。

5　ひと煮立ちしたら弱火にして蓋をし、ロールキャベツの中にしっかり火が通るまで20分ほど煮る。

6　爪楊枝をはずし、鍋の中の野菜とソースとともに器に盛り付ける。

チャーシュー丼

炙り風味が特徴のソイチャーシューを主役にした丼。
このソイチャーシューは、ラーメンはもちろん、ご飯
とも相性がよい。

材料（1人分）

ソイチャーシュー（冷凍を解凍したもの）… 200g
長ネギ … 1本
ご飯 … 200g
A　生姜（みじん切り）… 5g
　　醤油 … 30g
　　料理酒 … 15g
　　甜菜糖 … 15g
　　みりん … 30g
B　豆板醤 … 5g
　　ごま油 … 10g
煎りごま … 適量
糸唐辛子 … 適量

使用ベジミート 「ソイチャーシュー」→ P.152 **48**

作り方

1　長ネギを5〜6cm長さに切り、芯のところまで縦に切り込
　みを入れて開き、芯の部分と、外側の白い部分に分ける。
　白い部分は広げてせん切りにし、芯の部分は斜め薄切りに
　する。

2　ソイチャーシューを細切りにするⓐ。

3　鍋に A を入れて火にかけ、少し煮詰めたら 2 のソイチャ
　ーシューを入れ、水分が少し残る程度まで煮詰めるⓑ。

4　長ネギの芯の部分を、油をひかないフライパンで焼き目が
　つくまで焼く。

5　長ネギの白い部分と B を混ぜる。

6　器にご飯を盛り 4 、3 、5 の順にのせる。煎りごまをふり、
　糸唐辛子をのせる。

盛り付けてから、小口切りの長ネギをのせた。

炒 飯

ソイチャーシューの風味を活かした雑穀米の炒飯。油
でしっかり炒めて、パラリと仕上げる。

材料（1人分）

ソイチャーシュー（冷凍を解凍したもの）… 50g
長ネギ（みじん切り）… 1/3本分
玉ネギ（みじん切り）… 1/8個分（約30g）
生姜（みじん切り）… 5g
ご飯（雑穀米）… 200g
ごま油 … 10g
粉末中華だし（ヴィーガン用。P.19参照）… 3g
塩 … 少量
白コショウ … 少量
醤油 … 5g

使用ベジミート 「ソイチャーシュー」 → P.152 **48**

作り方

1　ソイチャーシューを1cm角に切る 。
2　ご飯を水で洗って粘り気を落とし、水気をしっかりきって
　　おく。
3　フライパンにごま油をひき、2 のご飯を入れて強火で炒め
　　る。
4　玉ネギ、生姜を入れて、さらに強火で炒める。
5　しっかり水分がとび、ご飯に少し焼き目がついてきたら塩、
　　白コショウ、中華だしを入れ、炒めながら全体に味をつけ
　　ていく。
6　1 のソイチャーシューを入れて炒める 。
7　長ネギを入れて軽く炒めたら、鍋肌から醤油を入れて、焦
　　がし醤油を作りながらあおってさっと混ぜ、器に盛る。

カツサンド

食べ応えのあるヴィーガンカツサンド。
大豆ハムを赤ワインや醤油を加えた液に浸け、味に深
みを出した。また、薄切りにして重ねて揚げることで、
カツらしいボリュームと食感を再現した。

VEGAN ／ 五葷不使用

材料（作りやすい量）

大豆ハム（エージェーハム。冷凍を解凍したもの）… 200g
キャベツ … 200g
食パン（6枚切りのイギリスパン）… 2枚
パン粉 … 適量
揚げ油 … 適量

A 醤油 … 15g
└ 赤ワイン … 15g
└ 水 … 100g

B 薄力粉 … 50g
└ 水 … 75g

C 中濃ソース … 70g
└ ケチャップ … 50g
└ 溶きがらし … 5g
└ すりごま … 30g

からしマヨネーズ
└ 米油 … 90g
└ 豆乳 … 50g
└ 酢 … 15g
└ 溶きがらし … 10g
└ 塩 … 少量
└ 白コショウ … 少量

使用ベジミート 「エージェーハム」→ P.152 ㊼

作り方

1 大豆ハムを2㎜の厚さに12枚スライスする。A を合わせた中に30分浸けておく。

2 キャベツをせん切りにし、油をひかないフライパンで焼き目がつくまで炒める。

3 B の薄力粉と水を混ぜておく。

4 ソースを作る。鍋にすりごま以外の C を入れ、火にかけて少し煮詰めた後、すりごまを加えて混ぜる。

5 からしマヨネーズを作る。豆乳、酢の半量、溶きがらし、塩、白コショウをバーミックスで混ぜ合わせる。そこに米油を少しずつ入れながら撹拌し、乳化させていく。途中で残りの酢も加える。

6 パンの表面を、オーブンまたはオーブントースターで焼く。

7 1 の大豆ハムを軽く絞り@、パンと同じ大きさの四角形になるように、はじを少し重ねながら4枚ならべる。同じようにして上にもう2段重ねるⓑ。

8 7 の両面に薄力粉（分量外）をつけ、3 の水溶き薄力粉、パン粉の順にしっかりつけるⓒⓓ。

9 8 を180℃の油に入れ@、3分経ったら裏返してさらに3分揚げる。油からとり出して200℃のオーブンに入れ、3分焼いて裏返し、さらに3分焼くⓕ。パンの大きさに合わせて、はじを切り落としておく。

10 組み立てる。2枚のパンの片面に 5 のからしマヨネーズをぬり、ラップの上に1枚のせる。2 のキャベツを広げてのせ、4 のソースをぬりⓖ、9 のカツをのせるⓗ。

11 再び 4 のソースをぬって 2 のキャベツをのせⓘ、もう1枚のパンをのせてはさむⓙ。ラップで包んで上から少しおさえ、上に重石をのせてしばらくおき、安定したら半分に切り分ける。

engawa cafe

（エンガワカフェ）

地元の八ヶ岳周辺で、その時季に手に入る食材や、旬の野菜を中心にメニューを組み立てるengawa cafeにとり、
大豆ミートはメニューにメリハリをつけたり、ボリュームアップしたいときに便利な素材である。
使用するのは、乾燥大豆ミート「まめやのお肉」のブロックとミンチの2種類。
自然派食料品店が少ない地方において、ネット通販で安定して入手できることから同品の採用を決めた。
乾燥大豆ミートを使うときは、単に湯に浸けてもどすだけでなく、仕上げに「揚げる」というひと手間をかける。
油で揚げることで、食感や風味がより肉っぽく仕上がり、コクも出やすくなる。
本書では、大豆ミート以外の植物性素材として、車麩、高野豆腐、オートミールを使ったメニューもご紹介した。
車麩を使ったヒット商品「ルーロー飯弁当」や、オートミールで作る本物そっくりの「ミートボール」や「ナゲット」は
子どもたちにも大人気。ほかにメイン素材に合わせて豆腐や厚揚げ、こんにゃくなどを使うこともある。

● engawa cafe の、乾燥大豆ミートの下処理

乾燥大豆ミートの下処理は、大豆臭さを抜くことと、肉っぽい食感を残すことのバランスが難しい。臭みをとことん抜こ
うとすれば、繊維がくずれたり、食味が悪くなりがちだ。engawa cafeでは、臭みが残りやすいブロックタイプの下処理
は、熱湯に浸けてしっかりもどす→粉をつける→油で揚げる、という3段階を踏む。これにより大豆臭さを極限まで除き
つつ、肉っぽい食感と食味の満足感が出る。メニューによっては、熱湯でもどした後に下味をつけるものもある。
もうひとつのミンチタイプは、ブロックにくらべると臭みが抜けやすいため、ぬるま湯に浸けてから粉をつけずにさっと
素揚げする。
どちらも一連の下処理をしてから、煮る、焼く、炒めるなどの調理に進む。湯でもどしてから一度揚げておくことで余分
な水分が抜けるため、お弁当やデリにも使いやすくなる。

［乾燥大豆ミート（ミンチタイプ）の下処理］

「まめやのお肉（ミンチタイプ）」→ P.148 ❹

1　大豆ミートはさっと洗い、50℃ほどのぬるま湯に5分間
　ほど浸けてもどす ⓐ。
2　ザルにあけて水をきり、軽く絞る ⓑ。
3　揚げ油（ピュアオリーブ油）を180℃に熱し、2 を素揚げ
　する ⓒⓓ。

［乾燥大豆ミート（ブロックタイプ）の下処理］

「まめやのお肉（ブロックタイプ）」→ P.150 ㉗

1 鍋で湯を沸かし、火を止めたらすぐに大豆ミートを入れて
ⓐ8分間湯に浸けてもどす。浮いてくるので、落とし蓋
をして全体が浸かるようにするⓑ。湯温が低いと大豆ミー
トがもどりきらないので、必ず沸騰直後の湯を使う。

2 1 をザルにあけて水をきりⓒ、臭みを抜くため2回ほど水
を替えながら洗う（ⓓくずれてしまうので洗いすぎに注
意）。絞って水気をきるⓔ。

3 2 に、片栗粉と地粉を同割で合わせたものをまぶしつける
ⓕ。

4 揚げ油（ピュアオリーブ油）を180℃に熱し、3 をからり
と揚げるⓖⓗ。

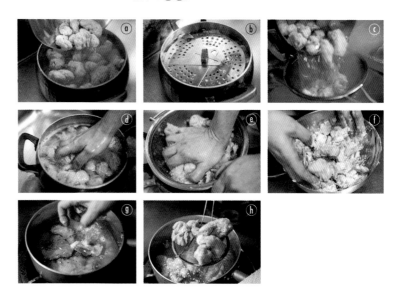

唐揚げ

見た目も食感も、肉の唐揚げとほぼ変わらない仕上が
り。大豆ミートにしっかりと下味を含ませるのがポイ
ントで、一品料理はもちろん、キッズプレートやお弁
当にも向く。

材料（作りやすい量）

大豆ミート（ブロックタイプ。乾燥）… 80g
A 〈下味〉
　　醤油 … 大さじ2
　　醤油麹（P.60）… 大さじ1
　　酒 … 150mℓ
　　生姜（絞り汁）… 小さじ1
　　ニンニク（すりおろし）… 小さじ1
　　ごま油 … 小さじ2
片栗粉、地粉（薄力粉で代用可）、
　揚げ油（ピュアオリーブ油）… 各適量
香菜（飾り用）… 少量
豆乳マヨネーズのタルタル風
　　豆乳マヨネーズ（P.45）に、刻んだディルとピクルスを
　　混ぜたもの。みじん切りにして水にさらした玉ネギだけ
　　を加えてもよい。

作り方

1　大豆ミートは、P.41の 1 〜 2 までの下処理をして、絞っ
　て水気をきる。

2　A の材料をボウルに合わせ、1 を 5 分間ほど浸けて味を含
　ませる。

3　2 の水気をきって軽く絞り、片栗粉と地粉を同割で合わせ
　たものをまぶしつけ、180℃の油で色よく揚げる。

4　皿に盛り、豆乳マヨネーズのタルタル風を添え、香菜を飾
　る。

使用ベジミート 「まめやのお肉（ブロックタイプ）」→ P.150 ㉗

照り焼きチキン風

そのままはもちろん、ピザやサンドイッチの具など幅
広く使える。たれに純米酢を加えれば、チキン南蛮風
の味わいに。

材料（作りやすい量）

大豆ミート（ブロックタイプ。乾燥）… 30g
片栗粉、地粉（薄力粉で代用可）、
　揚げ油（ピュアオリーブ油）… 各適量
照り焼きのたれ
┃　みりん … 大さじ3
┃　酒 … 大さじ3
┃　きび砂糖 … 小さじ2
┃　醤油 … 大さじ2
┃　甘酒（P.60）… 大さじ2
┃　水溶き片栗粉 … 適量

使用ベジミート 「まめやのお肉（ブロックタイプ）」→ P.150 ㉗

作り方

1　大豆ミートはP.41の 1 〜 4 の下処理をして、からりと揚
　げる。

2　水溶き片栗粉以外の、照り焼きのたれの材料を混ぜ合わせ
　て火にかけ、きび砂糖が溶けたら水溶き片栗粉でとろみを
　つける。とろみが強いようなら、水でのばして調整する。

3　全体がなじんだら、1 を入れてからめる。

ヴィーガンピザ

VEGAN

店の看板メニュー「ベジピザVegan」は、国産強力粉で作る生地と旬野菜を合わせた、軽やかで香り高いピザ。ここでは、大豆ミートを加えてボリュームアップ。

材料
自家製ピザ生地（国産強力粉に少量の
　セモリナ粉を加えて作る）… 適量
自家製ピザソース（ホールトマト、ニンニク、パセリ、
　バジルなどで作る）… 適量
照り焼きチキン風（P.43）… 適量
ベジチーズ（下記）… 適量
ルコラ、豆乳マヨネーズ（下記）、E.V.オリーブ油
　… 各適量

作り方
1　ピザ生地を直径21cmの円形にのばし、ピザソースをぬり、照り焼きチキン風と、スライスしたベジチーズをのせる（ベジチーズは、薄く切ったほうが溶けやすい）。370℃に熱したピザ用オーブンで約2分30秒間焼く。
2　焼き上がりに、ちぎったルコラをのせて、豆乳マヨネーズ、E.V.オリーブ油をふる。

●ベジチーズ

熟成ミモレットやチェダーチーズのようなコクのある味わい。豆腐と味噌をベースに、なめらかにつないだものを蒸し上げて作る。できたてはやわらかいペースト状なので、凍らせて使う。

材料（作りやすい量）
木綿豆腐 … 1丁（約400g）
A　味噌 … 100g
　　米粉 … 30g
　　E.V.オリーブ油 … 50g
　　無調整豆乳 … 50g
　　醤油 … 30g

作り方
1　豆腐をザルに入れて重石をのせ、5〜10分間ほどおいて水をきる。
2　1をフードプロセッサーに入れ、なめらかになるまでまわす。
3　Aをボウルに入れ、ホイッパーでむらなく混ぜ合わせる。これを2に加えてさらにまわし、全体がなめらかになるまでよく混ぜる。
4　3を3等分してラップでキャンディのように包み、さらに上からラップでしっかりと包む（ラップ1枚だと、蒸している間に破裂してしまう）。蒸し器で25〜30分間蒸して、蒸し上がったら網にのせて冷ます。
5　冷めてからラップをつけ替えて冷凍保存し、使う分だけを切りとる。

●豆乳マヨネーズ

そのままサラダを和えたり、タルタルソースのベースにする。卵で作るマヨネーズのようにはつながらないので、バーミックスなどの機器を使うとよい（ホイッパーでは難しい）。

材料（作りやすい量）
無調整豆乳（固形分9％前後）… 100ml
梅酢 … 小さじ1
塩 … 小さじ1
米酢 … 大さじ1
菜種油 … 100ml

作り方
菜種油以外の材料をすべて合わせ、菜種油を少量ずつ加えながら、バーミックスなどで撹拌し、乳化させる。でき上がってすぐはゆるいが、冷蔵庫で20〜30分間やすませるととろみが出て、つながってくる。なめらかになるようよく混ぜて使う。

※油分の30％ほどをココナッツオイルに替えると、ダレにくくなる。

ヤンニョムチキン風

VEGAN

韓国料理の人気メニューを大豆ミート向けにアレンジ。
甘酒とトマト麹の2種類の発酵調味料にホールトマト
を加えた甘辛ソースは、軽やかだが味わい深い。冷め
てもおいしいので、デリやお弁当にも使いやすい。

材料（作りやすい量）
大豆ミート（ブロックタイプ。乾燥）… 80g
片栗粉、地粉（薄力粉で代用可）、
　揚げ油（ピュアオリーブ油）… 各適量
ヤンニョムソース
　　ホールトマト（ピューレ ※）… 大さじ4
　　甘酒コチュジャン（右記）… 大さじ2
　　トマト麹（P.60）… 大さじ1
　　みりん … 大さじ4
　　醤油 … 大さじ2
　　きび砂糖 … 小さじ2
　　酒 … 大さじ2
　　ニンニク（すりおろし）… 大さじ1
煎りごま（白）、香菜 … 各適量
※ホールトマト（ピューレ）：粗ごしタイプの水煮トマト（イタリア製「モ
ンテベッロパッサータ・ルスティカ」）を使用。

使用ベジミート　「まめやのお肉（ブロックタイプ）」→ P.150 ㉗

作り方
1　大豆ミートはP.41の1～4の下処理をして、からりと揚
　げる。
2　ヤンニョムソースの材料を鍋に入れ、軽く濃度がつくまで
　火を入れる。
3　2に、1の大豆ミートを加える。ソースが煮詰まりすぎた
　場合は少量の水を足して、大豆ミートにソースをよくから
　ませていく。
4　煎りごまをふり、皿に盛って香菜を飾る。

●甘酒コチュジャン

ピリ辛ソースのベースに、甘みとうま味を補強する。

材料（作りやすい量）
甘酒（P.60）… 100g
一味唐辛子 … 5～10g（辛さは好みで加減する）
塩 … 10g

作り方
材料をすべて混ぜ合わせる。

マーボー豆腐

VEGAN

大豆ミートと気づかない、ほぼ肉と同じように楽しめる人気メニュー。醤油麹と塩麹でコクをプラスし、食べやすい和風寄りの味つけに。

材料（作りやすい量）

大豆ミート（ミンチタイプ。乾燥）… 20g
揚げ油（ピュアオリーブ油）… 適量
ニンニク（みじん切り）… 1粒分
生姜（みじん切り）… 1片分
長ネギ（みじん切り）… 5cm分
ごま油 … 適量
豆板醤 … 小さじ1/4
しいたけ昆布だし（右記）… 100mℓ
木綿豆腐（1.5〜2cm角に切る）… 200g
A　酒 … 大さじ1
　　醤油麹（P.60）… 小さじ1
　　塩麹（あれば玉ネギ麹。P.60）… 小さじ1
　　白醤油 … 小さじ1
水溶き片栗粉 … 小さじ1/2
ニラ（大根の葉や三ツ葉でもよい）、糸唐辛子 … 各適量

使用ベジミート　「まめやのお肉（ミンチタイプ）」→ P.148 ❹

作り方

1　大豆ミートはP.40の 1 〜 3 の下処理をして、さっと素揚げする。
2　フライパンにごま油を熱し、みじん切りのニンニク、生姜、長ネギを炒める。
3　香りが立ってきたら、豆板醤を加えて炒め合わせ、しいたけ昆布だし、豆腐、A の合わせ調味料を加えて煮る。
4　豆腐に火が入ったら、水溶き片栗粉を加えてとろみをつける。
5　皿に盛り、刻んだニラと糸唐辛子を散らす。

●しいたけ昆布だし

水出しで作る植物性の万能だし。

材料（作りやすい量）

昆布（約10cm角）… 1枚
干しシイタケ … 1個
水 … 1ℓ

作り方

材料をすべて合わせ、冷蔵庫にひと晩おく。

ベジミートソースのパスタ

VEGAN

香味野菜の香りと、うま味出しのトマト麹、隠し味に
味噌を加えた、軽やかだがコクのあるミートソース。
まとめて作りおけば、さまざまなメニューに展開でき
る。

材料（作りやすい量）

ベジミートソース

| 大豆ミート（ミンチタイプ。乾燥）… 50g
| 揚げ油（ピュアオリーブ油）… 適量
| セロリ（みじん切り）… 50g
| ニンジン（みじん切り）… 50g
| 玉ネギ（みじん切り）… 100g
| ニンニク（みじん切り）… 1片分
| トマト麹（P.60）… 小さじ2
| 味噌 … 小さじ1
| 塩 … 小さじ1
| ホールトマト（ピューレ※）… 200㎖
| 水（あればベジブロス）… 100㎖

パスタ（1皿分）… 80g

パセリ（みじん切り）… 適量

※ホールトマト（ピューレ）：粗ごしタイプの水煮トマト（イタリア製「モ
ンテベッロパッサータ・ルスティカ」）を使用。

作り方

1　ベジミートソースを作る。大豆ミートはP.40の 1 ～ 3 の
　下処理をして、さっと素揚げする。

2　鍋にみじん切りのセロリ、ニンジン、玉ネギ、ニンニクを
　入れて、汗をかくようにじっくり炒め、充分にしっとりと
　してきたらトマト麹、味噌、塩を加え、さらに炒める。

3　2 にホールトマト、分量の水、1 の大豆ミートを加えて5
　分間ほど煮込む。塩（分量外）で味を調える。

4　塩（分量外）を加えた湯でパスタをゆでて、適量の 3 と
　合わせる。皿に盛り、刻んだパセリをふる。

使用ベジミート 「まめやのお肉（ミンチタイプ）」→ P.148 ❹

ポテトグラタン

ジャガイモにベジミートソースを合わせたグラタ
ン。ベジバターとカシューナッツミルクでコクと
うま味をアップ。ショートパスタを加えてもおい
しい。

ポテトグラタン

材料（30cm × 20cm のグラタン皿1個分）
ジャガイモ … 3個
塩 … 小さじ1
コショウ、ナツメグパウダー … 各適量
ベジバター（下記）… 20g
無調整豆乳 … 50mℓ
カシューナッツミルク（下記）… 50mℓ
ベジミートソース（P.48）… 適量
パン粉（自家製）、パセリ … 各適量

作り方

1 ジャガイモは水からゆで、やわらかくなったらとり出して、皮をむいてつぶす。塩、コショウ、ナツメグ、ベジバターで味を調え、温めた豆乳とカシューナッツミルクを加えて、なめらかに混ぜ合わせる。

2 ベジミートソースを耐熱皿に敷き、その上に 1 を重ねて広げ、表面を平らにならす。上にパン粉をふり、250℃に熱したオーブンに入れる。全体に焼き色がつき、ふちのあたりからぐつぐつと沸いていくるまで火を入れる。提供時に、みじん切りのパセリをふる。

● ベジバター

ココナッツオイルの、常温で固体化する性質を利用して作る。バターの代わりに幅広く使える。

材料（作りやすい量）
豆乳ヨーグルト（P.53）… 30g
ココナッツオイル … 70mℓ
E.V.オリーブ油 … 30mℓ
メープルシロップ … 5g
塩 … ひとつまみ

作り方

1 豆乳ヨーグルトはひと晩、キッチンペーパー（またはコーヒー用フィルター）を敷いたザルにあけて水きりしておく。

2 ココナッツオイルは湯煎にかけて液状にする。

3 ボウルにすべての材料を入れ、ホイッパーでよく混ぜる。シャーベットを作る要領で、ある程度混ぜたら（分離したままでよい）冷蔵庫に入れ、少し固まったらとり出してホイッパーで混ぜる。なめらかにつながったら冷蔵庫に入れて冷やし固める。

● カシューナッツミルク

牛乳や生クリームの代わりに使う。カレーやグラタンをはじめ、ヴィーガンスイーツにも多用する。

材料（作りやすい量）
カシューナッツ（生）… 50g
無調整豆乳 … 150mℓ

作り方

カシューナッツを豆乳に30分間ほど浸けてやわらかくし、ミキサーにかけてザルで漉す（店では、硬い素材をなめらかに粉砕できるバイタミックスを使用）。「ミルク」と「ペースト」の中間くらいが使いやすい。冷蔵保存し、4日以内に使いきる。

2種の味が楽しめる
ベジスパイスカレープレート
（チキンカレー風／キーマカレー）

インドの料理上手なお母さん曰く、「スパイスはお
薬」。カレーを作るときは、家族の健康を気遣うよう
にスパイスをよくなじませ、食べやすくホッとする味
を心がけている。普段の営業では大豆ミートを使った
カレーと、もう一方は野菜のみ（たんぱく素材不使
用）のベジカレーの２種を盛り合わせる。

ターメリックライスに２種のカレー（チキンとキーマ）を盛り合わ
せ、野菜のピクルス、コールスロー、グリーンサラダを付け合わせ
た。横に添えた豆乳ラッシーは、豆乳ヨーグルトにフルーツの酵素
シロップを合わせたもの。

チキンカレー風 → P. 52／キーマカレー → P. 53

チキンカレー風

マッサマンカレーを思わせる、スパイスの芳香と
ミルキーな口あたり。ベジバターとカシューナッ
ツミルクを使うことで植物性のみと思えないほど
豊かなコクとまろやかな味わいに。

材料（作りやすい量）

大豆ミート（ブロックタイプ。乾燥）… 50g
片栗粉、地粉（薄力粉で代用可）、
　　揚げ油（ピュアオリーブ油）… 各適量
ベジバター（P.50）… 20g
E.V.オリーブ油 … 大さじ1
玉ネギ（みじん切り）… 1個分
生姜（みじん切り）… 1片分
ニンニク（みじん切り）… 1粒分
トマト（ざく切り）… 1個分
カシューナッツミルク（P.50）… 150g
水 … 300mℓ
塩 … 適量
A 〈ホールスパイス〉
　　カルダモン … 5粒
　　クローブ … 5粒
　　シナモンスティック … 1本
　　ローリエ … 1枚
B 〈パウダースパイス〉
　　コリアンダーパウダー … 小さじ2
　　パプリカパウダー … 小さじ2
　　ターメリックパウダー … 小さじ1/2
　　ガラムマサラ … 小さじ1/2
　　カイエンヌペッパー … 小さじ1/4

使用ベジミート 「まめやのお肉（ブロックタイプ）」→ P. 150 **㉗**

作り方

1　大豆ミートはP.41の **1** 〜 **4** までの下処理をして、
　からりと揚げる。

2　鍋にベジバターとE.V.オリーブ油を入れて火にかけ、
　バターが溶けたら、**A** のホールスパイスをすべて入
　れる。カルダモンが膨らむまで弱火にかけ、スパイ
　スの香りを引き出す。バターは焦げやすいので、弱
　火を保つ。

3　**2** にみじん切りにした玉ネギ、生姜、ニンニクを加
　えて、玉ネギが濃く色づくまで時間をかけて炒める。

4　ざく切りのトマトを加え、全体が一体化してペー
　スト状になるまで炒めたら、**B** のパウダースパイス、
　塩を加える。水分がとんで全体がぼってりしてきた
　ら、カシューナッツミルクを加えて、分離しないよ
　うによく混ぜ合わせる。

5　分量の水と **1** の大豆ミートを加えて10分間ほど炊
　いたら、塩で味を調える。

キーマカレー

カルダモンの香りが印象的なスパイスカレー。豆乳ヨーグルトとカシューナッツミルクのコクとなめらかさをプラス。

材料（作りやすい量）

大豆ミート（ミンチタイプ。乾燥）… 25g
揚げ油（ピュアオリーブ油）… 適量
玉ネギ（みじん切り）… 1個分
生姜（みじん切り）… 1片分
ニンニク（みじん切り）… 2粒分
トマト（ざく切り）… 1個分
豆乳ヨーグルト（右記）… 大さじ2
カシューナッツミルク（P.50）… 80g
水 … 200ml
塩 … 小さじ1

A 〈ホールスパイス〉
  カルダモン … 5粒
  クローブ … 5粒
  シナモンスティック … 1本

B 〈パウダースパイス〉
  コリアンダーパウダー … 大さじ1
  ガラムマサラ … 小さじ1
  ターメリックパウダー … 小さじ1/2

使用ベジミート 「まめやのお肉（ミンチタイプ）」→ P.148 ④

作り方

1　大豆ミートはP.40の 1 〜 3 の下処理をして、さっと素揚げする。

2　鍋にピュアオリーブ油を熱して A のホールスパイスを入れ、カルダモンが膨らむくらいまで弱火にかけて香りを出す。

3　2 にみじん切りの玉ネギ、生姜、ニンニクを加え、玉ネギが濃く色づくまで時間をかけて炒める。トマト、豆乳ヨーグルトも加えてさらに炒める。

4　トマトに火が入り、全体が一体化してペースト状になったら、B のパウダースパイスと塩を加える。スパイスの香りが立ってきたら、カシューナッツミルク、分量の水、1 の大豆ミートを加え、5分間ほど煮込む。

● 豆乳ヨーグルト

市販の種菌ではなく、玄米のみを使った野生酵母で作る製法。ポイントは、少量ずつ培養させること。味が安定するまでは連続して作ることが望ましい。

材料（作りやすい量）

無調整豆乳 … 250ml弱
玄米（可能なら有機栽培米）
　 … 20g

作り方

1　約250ml容量の瓶を用意する。さっと洗った玄米を瓶に入れ、瓶のふちギリギリまで豆乳を注いで、軽く混ぜる。蓋は閉めずに、瓶の上に布をかけたり、覆いをするだけで、常温（10〜20℃前後）におく。冬場は1日〜数日間、夏場なら半日ほどで発酵してゆるく固まってくる。

2　しっかりと固まってきたら、ザルにあけて玄米をとり除く。でき上がったヨーグルトのうち、大さじ1ほどを別の瓶に入れて、同じように豆乳を注いでヨーグルトを作る。これをくり返す（2回目以降は、種となるヨーグルトは小さじ1程度でよい）。

※最初のうちは、豆乳の香りが強く出るので、スープやコーヒーに入れるなど豆乳として使う。3〜4回目の培養から、味が調ってくる。

高野豆腐のフライ

食べ応え充分な高野豆腐のフライは、もどし汁に
加えたニンニクがポイント。自家製の甘酒にんに
く醤油麹だれを添える。

材料（作りやすい量）
高野豆腐 … 4枚
A　水 … 300㎖
　｜　醤油 … 大さじ2
　｜　ニンニク（すりおろし）… 1粒分
地粉(薄力粉で代用可)、パン粉、
　揚げ油（ピュアオリーブ油）… 各適量
甘酒にんにく醤油麹だれ
　｜　甘酒（P.60）… 大さじ1
　｜　醤油麹（P.60）… 大さじ1
　｜　醤油 … 小さじ1
　｜　ニンニク（みじん切り）、揚げ油 … 各適量

使用ベジ素材	高野豆腐

作り方

1　バットに **A** の材料を合わせ、高野豆腐を20分間浸
　ける⒜。途中で表裏を返し、芯が残らないように
　しっかりともどす。

2　**1** の水気をきって軽く絞り⒝、四角の対角線で2つ
　に切り分け、地粉をまぶす⒞。さらに地粉と水を
　1対1で溶いた衣にくぐらせ⒟、パン粉をつけて
　⒠、180℃に熱した油で揚げる⒡。

3　甘酒にんにく醤油麹だれを作る。みじん切りのニン
　ニクは、焦げないように気をつけながら、キツネ色
　になるまで素揚げする。甘酒、醤油麹、醤油を混ぜ
　合わせたものに、素揚げしたニンニクを加えて混ぜ
　る。**2** のフライに添える。

高野豆腐と野菜の南蛮漬け

高野豆腐のしっかりとした食感が南蛮酢によく合う。
レモンのさわやかな香りがアクセント。

材料（作りやすい量）

高野豆腐 … 2枚
地粉（薄力粉で代用可）、
　　揚げ油（ピュアオリーブ油）… 各適量
玉ネギ（せん切り）… 中1個分
ニンジン（せん切り）… 1本分
南蛮酢
　　醤油 … 60㎖
　　しいたけ昆布だし（P.47）… 30㎖
　　レモン（絞り汁）… 大さじ2
　　純米酢 … 大さじ4
　　甘酒（P.60）… 大さじ3
　　きび砂糖 … 小さじ1
三ツ葉 … 適量

| 使用ベジ素材 | 高野豆腐 |

作り方

1　高野豆腐は水でもどして、約5㎜厚さの色紙切りにする。
2　1の水気をきって軽く絞り、地粉をまぶして、180℃に熱した油でからりと揚げる。
3　耐熱皿に2とせん切りの玉ネギ、ニンジンを入れる。
4　南蛮酢の材料を鍋で沸かし、熱いうちに3にまわしかけ、ざっと全体を混ぜる。よく冷やして味をなじませる。皿に盛り、三ツ葉を飾る。

車麩の海苔衣揚げ

ニンニクと生姜を効かせた汁で車麩をもどし、さらに
その汁で粉を溶いて衣にし、満足感のある味わいに。
衣に加える素材は、海苔にかぎらない。香菜やごまな
ど香りのあるものがおすすめ。

材料（作りやすい量）

車麩 … 10枚

A しいたけ昆布だし（P.47）… 3カップ

ニンニク（すりおろし）… 1粒分

生姜（すりおろし）… 1片分

醤油 … 大さじ3

甘酒（P.60）… 大さじ3

きび砂糖 … 大さじ1

酒 … 大さじ1

地粉（薄力粉で代用可）… 1カップ

片栗粉 … 1/3カップ

焼き海苔 … 2枚

揚げ油（ピュアオリーブ油）、青ネギ … 各適量

| 使用ベジ素材 | 車麩 |

作り方

1 バットに A の材料を合わせ、車麩を20分間ほど浸ける。途中で表裏を返し、芯が残らないようにしっかりもどす。

2 1 を軽く絞って ⓐ、半分に切る。もどし汁は残しておく。

3 地粉と片栗粉を合わせたものを、2 にまぶす ⓑ。

4 3 で残った粉に、2 のもどし汁を少しずつ加えて、クレープ生地ほどの固さにのばす。焼き海苔をちぎって混ぜる ⓒ。

5 4 の生地に 3 の車麩をくぐらせ、180℃に熱した油で色よく揚げる ⓓ。皿に盛り、刻んだ青ネギを散らす。

盛り付けてから、香菜を飾った。

ベジルーロー飯弁当

車麩の重なった層がまるでバラ肉の断面に見える、人気No.1弁当。八角の香り、黒糖の甘みとコクが車麩の食感によく合う。ヴィーガンにこだわらなければ、一緒にたれで煮込んだゆで卵を添えてもおいしい。

材料（作りやすい量）

車麩 … 10枚
片栗粉、地粉（薄力粉で代用可）、油（ピュアオリーブ油） … 各適量
オニオンフリット（スライスした玉ネギに地粉をまぶし、色づくまで揚げたもの）… 約1/4個分
A　生姜（スライス）… 30g
　　醤油 … 120mℓ
　　黒糖 … 大さじ6
　　水 … 400mℓ
　　八角 … 2個
ご飯（八分づき米）… 適量
おかず
　　カブの粒マスタードドレッシング、コールスロー、ブロッコリーの塩麹マリネ、カットトマト … 各適量

使用ベジ素材 | 車麩

作り方

1　車麩は水に15分間ほど浸ける。途中で表裏を返し、芯が残らないようしっかりともどす。

2　1を軽く絞って半分に切り、片栗粉と地粉を同割で合わせたものをまぶす。フライパンに油を熱し、きれいな焼き色がつくように両面を焼く。

3　Aの材料を鍋に入れて沸かし、オニオンフリット、2の車麩を入れて弱火で約5分間ほど煮込む。

4　弁当容器にご飯を入れ、上に3と他のおかずを詰める。

オートミールのミートボール風

オートミールがミートボールやナゲットに変身！　ポイントは片栗粉を加えるタイミングで、熱いうちに混ぜると蒸気を吸ってベタベタになり成形しにくいので、完全に冷ましてから合わせること。

VEGAN

材料（約15個分）

オートミール … １カップ

玉ネギ（みじん切り）… 中１個分

シイタケ（みじん切り）… １個分

塩 … 適量

熱湯 … １カップ

片栗粉 … 大さじ３

生姜（絞り汁）… 少量

揚げ油（ピュアオリーブ油）… 適量

たれ

| りんごジュース（ストレートタイプ）… 1/4カップ

| みりん … 1/4カップ

| 醤油 … 大さじ２

└ 水溶き片栗粉 … 大さじ1/2

グリーンリーフ … 適量

使用ベジ素材　オートミール

作り方

1　ボウルにオートミールを入れ、みじん切りの玉ネギとシイタケ、塩を加えて軽く混ぜる。熱湯を注いで、全体をむらなく混ぜ合わせる⒜。

2　1が完全に冷めたら、片栗粉の半量と生姜の絞り汁を加えて⒝、成形できるくらいの固さにまとめる。手に水をつけて球体（直径２㎝前後）に成形する⒞。

3　残りの片栗粉を表面にまぶし⒟、180℃に熱した油で色よく揚げる⒠。

4　たれを作る。りんごジュースとみりんを鍋に入れて火にかけ、約半量になるまで煮詰めたら醤油を加え、水溶き片栗粉でとろみをつける。3のミートボールを入れて、たれをからませる⒡。皿に盛り、グリーンリーフを添える。

ナゲット

ハーブを混ぜ込んだ香り高いナゲット。ハーブは好みのものでOK。ナッツ類を混ぜると香ばしく仕上がる。

VEGAN

材料（約8個分）

オートミール … １カップ

A　玉ネギ（みじん切り）… 中１個分

| シイタケ（みじん切り）… １個分

| ニンニク（すりおろし）… １粒分

| バジル（ドライ）… 小さじ１

| オレガノ（ドライ）… 小さじ１

| クミンパウダー … 小さじ1/2

└ 塩 … 小さじ1/2

熱湯 … １カップ

片栗粉 … 大さじ２

揚げ油（ピュアオリーブ油）… 適量

トマトソース … 適量

ピュアオリーブ油とみじん切りニンニク（少量）を火にかけ、みじん切りの玉ネギ大さじ２、トマト麹（P.60）小さじ１を合わせて炒める。ホールトマト（ピューレ）150㎖を加えてしっかりと煮詰めたら、塩、コショウで味を調える。

使用ベジ素材　オートミール

作り方

1　ボウルにオートミールを入れ、Aを加えて軽く混ぜる。熱湯を注いで、全体をむらなく混ぜ合わせる。

2　1が完全に冷めたら、片栗粉を加えて成形できるくらいの固さにまとめる。ナゲットの形（長さ約３㎝）に成形する⒜。

3　2を180℃に熱した油で色よく揚げる。

4　器に盛り、好みでトマトソース（左記）や豆乳マヨネーズ（P.45）を添える。

● engawa cafe の自家製発酵調味料

engawa cafeの味づくりの要になるのが、自家製する発酵調味料の数々。甘酒や塩麹などの米麹から作る発酵調味料は、野菜のうま味を引き出し、味の深みやコクを増す効果がある。また、塩麹の派生形であるトマト麹や玉ネギ麹は、そのままスープベースにもなるほどうま味が強く、仕上がりの味がまとまりやすい。ベジメニューにありがちな、食味の物足りなさをカバーしてくれる。

これらの発酵調味料は、野菜とのなじみがいいのはもちろん、大豆ミートなどの植物性たんぱく素材の味を引き立て、野菜や豆乳製品とのつなぎ役にもなる。

※米麹で作る甘酒や麹類は、家庭用炊飯ジャーの「保温」モードを活用。60℃を超えないように注意し、一定の温度で発酵させる。60℃以上になる機器の場合は、炊飯器の蓋にふきんなどをかませてすき間を作り、温度を下げるとよい。発酵の途中で、全体をよく混ぜるとムラなく均一に仕上がる。

※使用している米麹は、俵屋麹店（長野県安曇野市）の「俵屋のこうじ」。生タイプであれば特にメーカーは問わない。乾燥麹は水に浸してから使う。

甘酒

砂糖の代わり使えるほか、コクやうま味を補強する。ペーストにしておくと使いやすい。

材料（作りやすい量）
米麹 … 100g
炊いた米（冷ましておく）… 100g
水 … 100g

作り方
材料をすべて混ぜて炊飯ジャーに入れ、保温モードで8時間ほど加熱する。途中、4時間ほど経ったところで全体をよく混ぜるとムラなく仕上がる。でき上がったら、バーミックスなどでペースト状につぶす。粗熱がとれたら冷蔵保存し、2週間を目安に使いきる。冷凍もできる。

醤油麹

コクやうま味の補強のほか、熟成した香ばしさも加わる。粒のままで使う。

材料（作りやすい量）
米麹 … 100g
醤油 … 150g

作り方
材料をすべて混ぜ、炊飯ジャーの保温モードで5時間ほど加熱する。

塩麹

塩の代わりに使うと、塩味だけでなくうま味が出る。ペースト状にしておく。

材料（作りやすい量）
米麹 … 100g
塩 … 20g
水 … 80g

作り方
材料をすべて混ぜ、炊飯ジャーの保温モードで5時間ほど加熱する。ペーストにする。

トマト麹

トマトソースの隠し味から、中華、イタリアンなどに幅広く使える。ワイン煮込みやシチューのベース、そのまま生野菜のディップにも。トマトのうま味と酸味、米麹の甘みが一体となり、深い味わいに仕上がる。

材料（作りやすい量）
米麹 … 100g
トマトジュース（無塩）… 130㎖
塩 … 30g

作り方
材料をすべて混ぜ、炊飯ジャーの保温モードで5時間ほど加熱する。ペーストにする。

玉ネギ麹

玉ネギの甘みと、コクとうま味を補強する。洋食や中華のスープベースとして、コンソメ代わりに使う。マーボー豆腐など中華系メニューのうま味補強にも。

材料（作りやすい量）
米麹 … 100g
玉ネギ（みじん切り）… 300g
塩 … 35g

作り方
材料をすべて混ぜ、炊飯ジャーの保温モードで5時間ほど加熱する。ペーストにする。

PEACE TABLE

(ピーステーブル)

―――――――

PEACE TABLEは、アーユルベーダをとり入れ、個人の体質やその日の体調に合わせてメニューを提案する、
パーソナルヴィーガンレストラン。定番の唐揚げやハンバーグ、ボロネーゼソースなどに、乾燥大豆ミートを使用している。
うま味の少ない大豆ミートをおいしい料理に仕立てるために、加熱調理の前の"ねかせる"工程を大事にする。
使っている大豆ミートは、かるなぁ社の唐揚げタイプとミンチタイプ。どちらも「液体塩こうじ」を加えた
熱湯に浸けてもどして使用。その他料理により、大豆ハムやプラントベースドチキンなど、
再現度の高い大豆ミート製品もとり入れている。

● PEACE TABLE の、乾燥大豆ミートの下処理

「液体塩こうじ」(※)を加えた湯に浸けることで、大豆臭さが
抜けやすくなり、もどし時間を大幅に短縮できるようになった。
もどし方とともに大事なのは絞り方。形をくずさないようひと
つずつ丁寧に絞ることで、唐揚げにする際にも、鶏肉の唐揚げ
らしい形状が保たれる。

※「液体塩こうじ」は、ハナマルキが製造・
販売している商品。粒状の塩麹を、ハナマル
キ独自の製法で液体にしたもの。ハナマルキ
社が実施した香気分析により、大豆由来の植
物たんぱくに含まれる、油分の酸化臭で知ら
れる「ヘキサナール」の発生量を20%以上減
少させる効果があることが確認されたという。

[乾燥大豆ミート(ブロックタイプ)の下処理] ※ミンチタイプのもどし方も同じ。

「ソイミート(唐揚げタイプ)」→ P.150 ㉖

1　大豆ミートを鍋に入れ、水を2ℓと「液体塩こうじ」を
　　40g入れるⓐ。
2　火にかけて、沸いたら火を止めⓑ、表面が乾かないよう
　　にクッキングシートで落とし蓋をし、さらに鍋に蓋をして
　　30分ほどおくⓒ。
3　指で触り、中に硬い部分が残っていなければ、ザルにあけ
　　て水気をきりⓓ、形をくずさないように、1個ずつやさ
　　しく握ってしっかり水気を絞るⓔⓕ。

唐揚げ

中までしっかりと味を染み込ませた唐揚げ。素揚げした大豆ミートに調味料をからめ、１日ねかせることで味を中まで浸透させている。

材料（作りやすい量）
大豆ミート（ブロックタイプ。乾燥）… 200g
揚げ油（菜種油）… 適量
A　醤油 … 100g
　　みりん … 100g
　　ニンニク（すりおろし）… 16g
　　生姜（すりおろし）… 16g
　　塩麹 … 10g
片栗粉 … 適量
付け合わせ
　　サニーレタス、ニンジン、キュウリ、紅芯大根、食用菊の花びら、エディブルフラワー、レモン … 各適量

使用ベジミート 「ソイミート（唐揚げタイプ）」→ P.150 ㉖

作り方
1　大豆ミートは、P.61のようにしてもどし、水気を絞る。
2　揚げ油を180℃に熱し、１を入れて素揚げする⒜。
3　軽く色づいたら油をきり、ボウルに入れる。A の合わせ調味料を加えてやさしく和える⒝。冷蔵庫に１日おく⒞。
4　3（１人分４個／計80g）に片栗粉をまぶし、180℃の油で揚げる⒟。
5　色よく揚がったら、油をきる。器に盛り付けて、付け合わせを添える。

 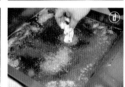

唐揚げとアボカドのタルタル風

大豆ミートの唐揚げを使った、アレンジ料理。華やかな、前菜向きの一皿。

材料（１人分）
唐揚げ（上記）… ２個
アボカド … 80g（1/2個）
タルタルソース（ヴィーガン用。右記）… 20g
付け合わせ
　　葉野菜（ミックスベビーリーフ、トレビス、カステルフランコ）、ブルーベリー、ラズベリー … 各適量
バルサミコ酢 … 適量
マリーゴールドの花びら … 適量

作り方
1　唐揚げとアボカドは、１cm角ほどに切る⒜。
2　１をボウルに入れ、タルタルソースを加えて和える⒝。
3　皿にセルクル型をおき、２ を詰めて型を抜く。上に葉野菜をのせ、まわりにブルーベリー、ラズベリー、バルサミコ酢、ちぎったマリーゴールドの花びらを散らす。

●タルタルソース

材料（仕上がり量約110g）
ソイマヨネーズ（市販）… 50g
玉ネギ … 15g
ニンニク（国産）… 3 g
ピクルス … 20g
ケッパー … 2 g
E.V.オリーブ油 … 5 g
イタリアンパセリ … 0.5g
ターメリックパウダー … 0.5g
レモン汁（国産）… 10ml
液体塩こうじ（P.61参照）… 5 g

作り方
すべての材料を合わせて、フードプロセッサーで撹拌する。

ハンバーグ

玉ネギやマッシュルームはしっかり炒め、大豆ミートは、もどした後にフライパンで煎ることで、味を凝縮させる。成形した後に1週間ねかせることでさらに味が深まる。1週間後がもっともおいしいが、2週間は冷蔵庫で保存が可能。ただし冷凍すると焼く際に水分が出てしまうため、冷凍はできない。焼くときは表面に焼き色をつけ、中を温めるイメージで。

VEGAN

材料（100g × 18 個分）

玉ネギ … 7個（1750g）

A　ニンニク（すりおろし）… 40g
　　塩 … 20g
　　菜種油 … 35g

大豆ミート（ミンチタイプ。乾燥）… 375g

液体塩こうじ（P.61参照）… 60g

マッシュルーム（ダイスカット。無添加無加水レトルトパウチ製品 ※）… 1kg

大豆ハム（エージェーハム）… 500g

ニンニク（すりおろし）… 15g

菜種油 … 適量

デミグラスソース（ヴィーガン用。P.65）… 適量

豆乳クリーム（※）… 適量

付け合わせ
　　紫キャベツのマリネ、ニンジンシリシリ、ジェノバ風ポテトサラダ … 各20g

セルフィーユ … 少量

※マッシュルームは、（株）ヘルシーマッシュルームの製品を使用。
※豆乳クリームは、不二製油製「濃久里夢（こくりーむ）ほいっぷくれーる」を使用。

使用ベジミート 「ソイミート（ミンチタイプ）」 → P.148 ❷ / 「エージェーハム」 → P.152 ㊼

作り方

1 【ハンバーグのタネを作り、ねかせる】玉ネギは皮をむいて薄切りにする。鍋に入れて A を加え、最初は中火で、途中から弱火で1時間ほどかけてあめ色になるまで炒める（ⓐ約26％重量の500gになるまで）。

2 大豆ミートは水に入れ、液体塩こうじを加えて5分ほど浸けておく（ⓑ）。

3 2 をザルにあけ、両手で包んで水気をしっかり絞る（ⓒ）。テフロン加工のフライパンに入れ、火にかけて煎る（550gになるまで）。

4 ある程度カサが減ったら、フライパンをあおって水分をとばしながらサラサラになるまでさらに煎る（ⓓはじめのカサの、半分程度になる）。

5 マッシュルームはパックからザルにとり出して、水気をきる。

6 5 を別のフライパンに入れて火にかけ、水分をとばしながら炒める（ⓔ）。350gになったら、フードプロセッサーで少し砕いておく（ⓕタネになじむように。ただしあまり砕きすぎるとペースト状になり、べたつくので注意する）。

7 大豆ハムは適宜に切り、フードプロセッサーにかけて粗く砕く（ⓖ）。

8 大きいボウルに 1 の玉ネギ、4 の大豆ミート、6 のマッシュルーム、7 の大豆ハム、ニンニクを入れて、よくこねる（ⓗ）。

9 1個分100gずつとり、しっかり握って厚めの小判形に整え、中央を少しへこませる（ⓘ）。とび出ているところがあると、焼いているときにはずれやすいので、指でおさえて表面をなめらかにする。

10 成形したものを、バットにならべて冷蔵庫で1週間ねかせる（ⓙ）。

11 【焼く】フライパンに多めの菜種油を入れて 10 を入れ、蓋をして火にかける（ⓚ表面に焼き色をつけ中を温める）。

12 2分30秒ほど焼いたら裏返す（ⓛ）。下の面にも焼き色がついたら、もう一度裏返す。フライパンに入れてから計6分ほど焼いたら、付け合わせをのせた器に盛り付ける。デミグラスソースと豆乳クリームをハンバーグにかけ、セルフィーユを飾る。

●デミグラスソース

VEGAN

材料（仕上がり量約1700g）
菜種油 … 100mℓ
玉ネギ（薄切り）… 3個分（約375g）
天然塩 … 1.5g
赤ワイン … 375mℓ
マッシュルーム（ダイスカット。無添加無加水レトルト
　　パウチ製品。P.64 ※ 参照）… 500g
A　ニンニク（国産。すりおろし）… 10g
　　ホールトマト（ミキサーでピューレにする）… 500g
　　根セロリのピューレ … 60g
　　ローリエ … 1枚
　　ピーナッツペースト … 30g
　　甜菜糖 … 15g

作り方

1 鍋に菜種油、玉ネギ、天然塩を入れ、あめ色になるまで弱火で炒める。

2 1 に赤ワインを加えてアルコールをとばし、1/3量になるまで煮詰める。

3 2 にマッシュルームを水分ごと加え、1/3量になるまで煮詰める。

4 3 に A を加え、沸いたら火を止める。

スパイシーチキンウイング

スパイスと相性のよい、ベジタリアンブッチャー社の
プラントベースドチキンを使った一品。この製品は鶏
肉に近い食感を再現しているが、火を通しすぎると硬
くなり、鶏肉らしさが損なわれるので、冷凍のまま揚
げて、火が入りすぎないようにするとよい。

材料(1人分)
プラントベースドチキン（「WHAT THE CLUCK」
　冷凍のまま使用）… 100g
赤パプリカ（縦に細切り）… 1/8個分
ガラムマサラ … 2g
黒コショウ … 1g
揚げ油（菜種油）… 適量
セルフィーユ … 少量
付け合わせ
　　ビーツとニンジンのりんごジュースマリネ、ブロッコリ
　　ーのポリヤル、キヌアのサラダ … 各適量

使用ベジミート 「WHAT THE CLUCK」→ P.152 ㊺

作り方
1　プラントベースドチキンを、冷凍のまま180℃の油で揚げ
　る ⓐ。赤パプリカも入れて、一緒に素揚げする。
2　薄く色づいたら、ペーパータオルの上にとり出して、油を
　きる。
3　2 をボウルに入れ、ガラムマサラと黒コショウを加えてま
　ぶす ⓑ。
4　器に盛り付け、セルフィーユを散らす。付け合わせを添え
　る。

THE NUTS EXCHANGE

（ザ ナッツ エクスチェンジ）

マカダミアナッツミルクとヴィーガンフードを提供する、心地よい空間。
メニューには、季節の野菜で作る日替わりデリやパスタ、クッキーやタルトなどがならぶ。
EGG MUFFINをもじったECC MUFFINは、ノンベジにも人気の看板メニュー。
オムニミートと乾燥大豆ミートで作るパティは、肉でないことを忘れさせる完成度。

ECC MUFFIN（エックマフィン）→ P.68

ECC MUFFIN（エックマフィン）

小ぶりながら、高い満足感が得られるマフィン。オムニミートに乾燥大豆ミートで食感を加えたパティに、生湯葉とカボチャマヨで、チーズ感や卵感をプラスしている。植物性のパティは、しっかり焼き目をつけて香ばしくすることが、"肉っぽさ"を感じさせるポイントだ。

材料（1個分）

マフィン（新橋ベーカリーのヴィーガンマフィン。
　直径8cmの型で焼いたもの）… 1個
パティ（60g×20個分）
　　オムニミート（冷凍を解凍したもの）… 800g
　　大豆ミート（ブロックタイプ。乾燥）… 120g
　　塩 … 5g
　　黒コショウ … 3g
　　オニオンパウダー … 8g
　　ナツメグパウダー … 4g
　　ガーリックパウダー … 5g
生湯葉 … 適量
カボチャマヨネーズ（カボチャピューレに、ヴィーガン
　マヨネーズを合わせたもの）… ティースプーン2ハイ
ヒマラヤ岩塩 … 適量
油 … 適量

> 使用ベジミート 「オムニミート」→ P.152 ㊳ /
> 「有機ジャックの豆ミート（チャンク）」→ P.150 ㉘

作り方

1　【パティを仕込む】大豆ミート（乾燥）は、たっぷりの水に浸けてひと晩おき、もどしておく。
2　1を水で洗い、水気をしっかり絞り、指先大ぐらいにちぎる。
3　ボウルにパティの材料をすべて入れ、混ぜ合わせる。
4　3を20等分（60gずつ）に分割し、空気を抜き、クッキングシートを敷いたバットにならべて冷蔵庫に入れておく ⓐ。
5　【パティを焼き、組み立てる】オーダーが入ったら、マフィンを半分に切り、霧吹きで水をかけてオーブンに入れ、温めておく。
6　フライパンに多めの油を入れて熱し、中央を少しへこませたパティを入れて焼く ⓑ。下の面がこんがりと焼けたら裏返し、両面ともしっかり焼き目をつける ⓒ。
7　5のマフィンの切り口に、刷毛で油を薄くぬる。片方に 6 のパティをのせる ⓓ。
8　生湯葉をのせ ⓔ、カボチャマヨネーズをのせて ⓕ、ヒマラヤ岩塩を削りかける ⓖ。上にもう片方のマフィンをのせてはさむ。

シェフたちの
ベジミート料理

各ジャンルのシェフたちの、ベジミート使いが新鮮。
ベジミートの可能性を感じさせる数々の料理。

[日本料理] **分とく山** 阿南優貴

[中国料理] **慈華** 田村亮介

[イタリア料理] **FARO** 前田祐二

[インド料理] **ERICK SOUTH** 稲田俊輔

[ネパール料理] **OLD NEPAL TOKYO** 本田 遼

[タイ料理] **CHOMPOO** 森枝 幹

[ベトナム料理] **Māimāi** 足立由美子

分とく山　ワケトクヤマ

料理／阿南優貴

入手しやすいレトルトタイプと乾燥の大豆ミート、そして、挽き肉と同じように使えるオムニミートを使用した。
料理はすべてヴィーガン対応。うま味の点が少し心配だったが、動物性の素材やだしがなくても、
野菜やキノコのうま味を上手に使うことで、充分な満足感が得られる料理になった。
レトルトタイプの大豆ミートは、わずかに大豆の臭いを感じるが、さっと熱湯に
くぐらせること（霜降り）により、除くことができる。大豆ミートにかぎらないが、このひと手間により、
炊く際にもほとんどアクが出ず、料理はすっきりとした仕上がりになる。

香味煮

牛ステーキの代わりにもなる一品。肉と相性のよい甘
からい味つけは、大豆ミートをより肉らしく感じさせ
る。ただしこれも、野菜やキノコのうま味があってこ
そ成り立つ料理。
大豆ミートは長く煮込む必要がないので、合わせる野
菜などは、火が入りやすいものでそろえるとよい。

材料（作りやすい量）

大豆ミート（フィレタイプ。乾燥）… 30g
山イモ … 60g
シイタケ … 4枚
シシトウ … 4本
A　みりん … 75mℓ
　│　酒 … 45mℓ
　└　醤油 … 15mℓ
B　大葉（せん切り）… 5枚分
　└　長ネギ（みじん切り）… 5cm長さ分
コショウ … 少量

使用ベジミート　「大豆と玄米のベジフィレ」→ P.150 ㉒

作り方

1　大豆ミートは、水から入れて火にかけ、沸騰したら、吹き
こぼれない火加減にして4分ゆでる ⓐ。水気をきり、水
に浸ける ⓑ。両手で包んでしっかりと絞る ⓒⓓ。

2　山イモは皮をむき、4cm長さの拍子木切りにする。シイタ
ケは軸をはずし、半分に切る。シシトウはヘタをとる。

3　フライパンに 1 と 2、A を入れて、強火にかける ⓔ。ひ
と煮立ちしたら中火にし、煮からめていく。

4　煮汁が半分ほどになったら、B を入れて混ぜ ⓕ、仕上げに
コショウをふる。

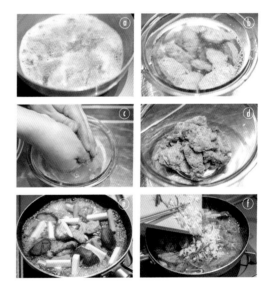

"肉料理"を強調した盛り付け。

筑前煮

鶏肉の代わりに使った、大豆と玄米を原料とした大豆ミートは、P.70の香味煮にも使用したもの。大豆臭さが少なく、ほんのりとした香ばしさがある。ここはゆでてもどさずに、さっと熱湯に通すだけで煮込んでいる。煮汁多めの煮物など、料理によっては可能な方法である。

材料（作りやすい量）
大豆ミート（フィレタイプ。乾燥）… 60g
A　ニンジン … 120g
　　里イモ … 120g
　　タケノコ（水煮）… 120g
　　レンコン … 60g
　　ゴボウ … 60g
　　こんにゃく … 120g
　　シイタケ … 4枚
B　水 … 400㎖
　　醤油 … 50㎖
　　みりん … 50㎖
　　砂糖 … 20g
キヌサヤ（ゆでて冷水にとる）… 4枚

使用ベジミート 「大豆と玄米のベジフィレ」→ P.150 ㉒

作り方
1　A のニンジン、里イモ、レンコンは皮をむく。これらとタケノコは、すべて乱切りにする。ゴボウは斜め薄切りに、こんにゃくは一口大にちぎり、シイタケは4等分に切る。
2　鍋に湯を沸かし、1 と大豆ミートをザルに入れて15秒ほど湯に浸けながら、菜箸で軽く混ぜる（ⓐ霜降り）。ザルを上げて水気をきるⓑ。
3　別鍋に 2 と B を入れて強火にかける。ひと煮立ちしたら中火にしてⓒ15分ほど煮て、野菜に火が入ったら火を止める。キヌサヤを入れる。

郵便はがき

料金受取人払郵便

本郷局承認

4750

差出有効期間
2023年5月
31日まで
（切手不要）

113-8790

（受取人）

東京都文京区湯島 3 - 26 - 9
イヤサカビル 3F

株式
会社　**柴 田 書 店**

書籍編集部　愛読者係行

||lıl|l|lılı|l|lı|lılılılı|ı|lılı|lı|l|lılı||

フリガナ		男女	年齢
氏名			歳

ご住所 〒　　　　　　　　　　☎

勤務先名　　　　　　　　　　☎

勤務先住所 〒

該当事項を○で囲んでください。

【A】業界　1.**飲食業**　2.菓子店　3.パン店　4.ホテル　5.旅館　6.ペンション　7.民宿
　　8.その他の宿泊業　9.食品メーカー　10.食品卸業　11.食品小売業　12.厨房製造・販売業
　　13.建築・設計　14.店舗内装業　15.その他（　　　　　　　　　）

【B】Aで15.その他とお答えの方　1.自由業　2.公務員　3.学生　4.主婦　5.その他の製造・
　　販売・サービス業　6.その他

【C】Aで1.飲食業とお答えの方、業種は？　1.総合食堂　2.給食　3.ファストフード
　　4.日本料理　5.フランス料理　6.イタリア料理　7.中国料理　8.その他の各国料理
　　9.居酒屋　10.すし　11.そば・うどん　12.うなぎ　13.喫茶店・カフェ　14.バー
　　15.ラーメン　16.カレー　17.デリ・惣菜　18.ファミリーレストラン　19.その他

【D】職務　1.管理・運営　2.企画・開発　3.営業・販売　4.宣伝・広報　5.調理
　　6.設計・デザイン　7.商品管理・流通　8.接客サービス　9.オーナーシェフ　10.その他

【E】役職　1.社長　2.役員　3.管理職　4.専門職　5.社員職員　6.パートアルバイト　7.その他

ご愛読ありがとうございます。今後の参考といたしますので、アンケートにご協力お願いいたします。

◆お買い求めいただいた【本の題名＝タイトル】を教えて下さい

◆何でこの本をお知りになりましたか？

  1．新聞広告（新聞名　　　　　　　　）2．雑誌広告（雑誌名　　　　　　　）

  3．書店店頭実物　　　　　　　　　4．ダイレクトメール

  5．そ　の　他＿＿＿＿＿＿＿＿＿＿

◆お買い求めいただいた方法は？

1．書店　地区＿＿＿＿＿＿　県・書店名＿＿＿＿＿＿＿

2．柴田書店直接　　　3．その他＿＿＿＿＿＿＿＿＿＿＿

◆お買い求めいただいた本についてのご意見をお聞かせ下さい

◆柴田書店の本で、すでにご購入いただいているものは？

◆定期購読をしている新聞や雑誌はなんですか？

◆今後、どんな内容または著者の本をご希望ですか？

◆柴田書店の図書目録を希望しますか？　1．希望する　2．希望しない

●ホームページをご覧ください。URL=https://www.shibatashoten.co.jp
　新刊をご案内するメールマガジンの会員登録（無料）ができます。

記入された個人情報は、顧客分析と御希望者への図書目録発送のみに使用させていただきま

さつま芋
大豆ミート衣揚げ

やわらかいサツマイモに、大豆ミートの衣でカリ
カリの食感を加える。
グルテンフリーを意識して、衣を付着させるのり
には、きな粉と片栗粉を使用したが、小麦粉のの
りにくらべてはがれやすいので、揚げる際は注意
する。

材料（作りやすい量）

サツマイモ（焼きイモ）… 1本
大豆ミート（フィレタイプ。乾燥）… 40g
A　片栗粉 … 10g
　└　きな粉 … 10g
B　片栗粉 … 20g
　│　きな粉 … 20g
　└　水 … 40mℓ
揚げ油（サラダ油）… 適量
C　〈うまだし〉
　│　水 … 100mℓ
　│　薄口醤油 … 10mℓ
　│　みりん … 10mℓ
　└　昆布 … 3cm角1枚
アサツキ（小口切り）… 少量
紅葉おろし … 少量

※グルテンフリーにこだわらなければ、のりは水溶きの小麦粉を使った
ほうが衣ははがれにくい。

使用ベジミート　「大豆と玄米のベジフィレ」→ P.150 ㉒

作り方

1　大豆ミートはビニール袋に入れて、麺棒や空き瓶な
　　どでたたき、粉状になるまで砕く。
2　焼きイモは皮をはずし、2cm厚さほどの輪切りにす
　　る。
3　Aを混ぜ合わせて、2の全体にまぶしつける。
4　Bを混ぜ合わせてのりを作り、3の全体につけてか
　　らⓐ、1をしっかりとつけるⓑⓒ。
5　揚げ油を170℃ほどに熱し、4を入れて揚げる。
6　鍋にCを入れて火にかけ、ひと煮立ちさせる。
7　5を半分に切って器に盛り、6のうまだしをはり、
　　アサツキと紅葉おろしを添える。

ⓐ

ⓑ

ⓒ

きな粉和え

砕いた大豆ミートとクルミで作る、お茶うけにぴった
りな甘い菓子。
2つの素材の、食感の違いが楽しめる。

材料（作りやすい量）

大豆ミート（フィレタイプ。乾燥）… 30g
クルミ … 30g

A 黒砂糖 … 20g
  上白糖 … 20g
  水 … 20㎖
B きな粉 … 50g
  上白糖 … 10g

※クルミの代わりに、カシューナッツなど他のナッツを使用してもよい。

使用ベジミート 「大豆と玄米のベジフィレ」→ P.150 ㉒

作り方

1 大豆ミートはビニール袋に入れて、麺棒や空き瓶などでたたき、大豆ほどの大きさに砕く⒜。
2 クルミはフライパンに入れて弱火で煎り、焼き色をつけて、フライパンからとり出す。
3 フライパンに A を入れて、中火にかける。沸いたら 1 と 2 を入れて煮からめ⒝、砂糖が結晶化したら火を止める（ここで砂糖が結晶化していると、食感がよくなる）。
4 ボウルに B を入れて混ぜ、3 を入れて和える⒞。

ひじき彩り煮

単調になりがちなひじきの煮物も、大豆ミートやカラフルな野菜を加えることで、いつもと違う一品に。植物性素材だけでも、物足りなさを感じさせない。

（縦書き）VEGAN ／ 五葷不使用

材料（4人分）

ひじき（乾燥）… 40g
大豆ミート（ミンチタイプ。レトルト）… 40g
シイタケ … 4枚
パプリカ（赤、黄、緑）… 各1/4個
A　水 … 200mℓ
　　醤油 … 50mℓ
　　みりん … 50mℓ
　　砂糖 … 30g

使用ベジミート　「大豆のお肉（ミンチタイプ）」 → P.151 **36**

作り方

1　乾燥ひじきはたっぷりの水に浸けてもどし、ザルにあけて水気をきる。

2　シイタケは軸をはずし、5mm厚さほどに切る。パプリカは種をとり、3cm長さ、1cm幅の短冊状に切る。

3　鍋に湯を沸かし、1のひじきと大豆ミート、2のシイタケをザルに入れて15秒ほど湯に浸けながら、菜箸で軽く混ぜる（ⓐ霜降り）。ザルを上げて水気をきる。

4　別鍋に3を入れてAを注ぎ、強火で煮る ⓑ。

5　煮汁が半分ほどまでに煮詰まったら、2のパプリカを入れて仕上げる。

五目飯

野菜で作る炊き込みご飯に大豆ミートを加えるだけで、食感の変化やボリュームをプラスできる。最後にコショウをふることで、より肉らしい味わいに。

材料（作りやすい量）

米 … 2合
大豆ミート（ミンチタイプ。レトルト）… 60g

A 大根 … 40g
　ニンジン … 40g
　ゴボウ … 40g
　こんにゃく … 40g
　シイタケ … 2枚

B 水 … 300㎖
　薄口醤油 … 30㎖
　酒 … 30㎖

木の芽（またはゆでたキヌサヤ）… 適量
コショウ … 少量

使用ベジミート 「大豆のお肉（ミンチタイプ）」→ P.151 **36**

作り方

1 米はボウルに入れて水で洗い、15分浸水して、ザルにあけて15分おく。

2 大根とニンジンは皮をむく。**A** をすべて1cm角ほどに切る。

3 鍋に湯を沸かし、大豆ミートと **2** をザルに入れて15秒ほど湯に浸けながら、菜箸で軽く混ぜる（ⓐ霜降り）。ザルを上げて水気をきる。

4 別鍋に **3** と **B** の煮汁を入れて、中火にかける。ひと煮立ちしたら、弱火にして5分ほど煮るⓑ。火を止めて冷ます。

5 **4** が冷めたら、ザルにあけて具と煮汁に分ける。

6 土鍋に **1** の米と **5** の煮汁を入れて、強火にかける。沸いたら中火にして7分、弱火にして7分、その後極弱火にして5分炊く。

7 **6** に **5** の具を入れて、火を止めて5分蒸らす。仕上げに木の芽を散らし、コショウをふる。

南瓜そぼろ煮

挽き肉とはまた違った、やさしい味わいのそぼろ煮。
豆乳を使う煮物のコツは、あまりぐつぐつ煮立てない
こと。

材料（4人分）

カボチャ … 200g
大豆ミート（ミンチタイプ。レトルト）… 30g
A　水 … 80㎖
　　無調整豆乳 … 80㎖
　　薄口醤油 … 20㎖
　　みりん … 20㎖
水溶き片栗粉 … 片栗粉3g＋水3㎖
長ネギ（白髪ネギ）、糸唐辛子 … 各少量

使用ベジミート 「大豆のお肉（ミンチタイプ）」→ P.151 ❸❻

作り方

1　カボチャはワタと種をとり除き、ヘタは切り落とし、一口
　　大に切り分ける。皮を部分的にむいて面とりをする。
2　鍋に湯を沸かし、1のカボチャと大豆ミートをザルに入れ
　　て15秒ほど湯に浸けながら、菜箸で軽く混ぜる（ⓐ霜降
　　り）。ザルを上げて水気をきる。
3　別鍋に、2とAを入れて中火にかける。ひと煮立ちしたら
　　弱火にして7〜8分煮るⓑ。水溶き片栗粉でとろみをつ
　　ける。
4　器に盛り、白髪ネギと糸唐辛子をのせる。

肉団子

食べても肉としか思えない植物性の「肉団子」。肉と
相性のよい粉山椒をタネに加え、煮汁にも実山椒を加
えることで、より肉らしい味わいに。揚げたあとにか
なりしぼむので、少し大きめの丸にとるとよい。

VEGAN ／ 五葷不使用

材料（約10個分）

A オムニミート（冷凍を解凍したもの）… 100g
　 長ネギ（みじん切り）… 20g
　 レンコン（粗みじん切り）… 20g
　 粉山椒 … ひとつまみ
B みりん … 75mℓ
　 酒 … 45mℓ
　 醤油 … 15mℓ
　 実山椒 … 小さじ1
揚げ油（サラダ油）… 適量

使用ベジミート 「オムニミート」→ P.152 **39**

作り方

1 ボウルにAを入れ、混ぜ合わせる@。

2 揚げ油を170℃に熱し、1を丸くとりながら⑥入れて、素
揚げする©。

3 鍋にBを入れて中火にかけ、ひと煮立ちしたら2を入れ
て、煮からめる@。

つみれ鍋

野菜主体の鍋に、オムニミートの団子でボリュームを
加えた。見た目のおいしさも食べ応えも充分。

材料（2人分）

A　オムニミート（冷凍を解凍したもの）… 100g
　　長ネギ（みじん切り）… 20g
　　レンコン（皮をむいて粗みじん切り）… 20g
　　粉山椒 … ひとつまみ
好みの野菜やキノコ
　　長ネギ、シメジ、白菜、ニンジン、春菊、
　　黄柚子（針柚子）など … 各適量
ポン酢 … 適量

使用ベジミート 「オムニミート」→ P.152 **39**

作り方

1　ボウルに A を入れⓐ、混ぜ合わせる。
2　提供用の鍋に水を入れ、1 を丸く10個摘み入れるⓑ。好み
　　の野菜やキノコも入れて、火にかける。
3　具材に火が入ったら、ポン酢につけながら食べる。

そぼろ丼

オムニミートのそぼろと豆腐、キヌサヤで三色に。豆
腐は着色せず、自然な焼き色を活かした。
野菜やキノコなどのうま味素材の助けが少ない料理に
は、このタイプのベジミートは最適といえる。

材料（作りやすい量）

A　オムニミート（冷凍を解凍したもの）… 200g
└　長ネギ（みじん切り）… 40g
B　みりん … 50㎖
│　酒 … 30㎖
└　醤油 … 10㎖
コショウ … 少量
木綿豆腐 … 50g
キヌサヤ（ゆでて冷水にとる）… 8枚
ご飯 … 適量
粉山椒 … 少量

使用ベジミート 「オムニミート」→ P.152 **39**

作り方

1　フライパンに A を入れて、混ぜ合わせる。B を加えてさら
　に混ぜ合わせてから、強火にかける。

2　ひと煮立ちしたら中火にし、ヘラで混ぜながら煮詰めてい
　く。煮汁がほとんどなくなったら⒜、仕上げにコショウ
　をふる。

3　豆腐は手で細かめにくずす。別のフライパンに入れ、弱火
　で水分をとばしながら、少し色づくまで火を入れていく。

4　器にご飯を入れ、**2**、細切りにしたキヌサヤ、**3** を盛る。
　2 の上に粉山椒をふる。

大豆肉味噌

野菜のディップにしたり、白いご飯や冷奴にのせたり
と、さまざまな使い方ができる肉味噌。火を入れてお
けば、保存性も高まる。

材料（作りやすい量）

A　オムニミート（冷凍を解凍したもの）… 50g
　　信州味噌 … 100g
　　上白糖 … 大さじ3
　　酒 … 大さじ1
　　みりん … 大さじ1
好みの野菜
　　芽キャベツ、ペコロス、ラディッシュ、ヤングコーン、
　　クレソンなど … 各適量

使用ベジミート　「オムニミート」→ P.152 **39**

作り方

1　A を混ぜ合わせて鍋に入れ、中火にかける。ふつふつと沸
　　いてきたら弱火にし、ヘラで練りながら1〜2分火を入れ
　　る ⓐ 。冷ましておく。

2　器に好みの野菜（必要なものはゆでる）を盛り、1 を添え
　　る。

大豆肉味噌バーガー

大豆肉味噌をはさんだ、おつまみにぴったりな小ぶり
なバーガー。そぼろ丼（P.81）の、そぼろをはさんで
もおいしい。

材料（5個分）
大豆肉味噌（上記）… 50g
大葉 … 5枚
バンズ（右記）… 5個

作り方
バンズに切り目を入れ、大葉と大豆肉味噌をはさむ。

●バンズ

材料（作りやすい量）
A　小麦粉 … 100g
　　ドライイースト … 2g
　　グラニュー糖 … 10g
　　塩 … ひとつまみ
　　大和イモ（すりおろし）… 15g
ぬるま湯（40℃）… 40㎖
サラダ油 … 大さじ1/2
生海苔 … 10g

作り方

1　ボウルに A を入れて軽くかき混ぜ、ぬるま湯を入れる。

2　手で軽くこね、まとまってきたらサラダ油を入れ、よくこ
　　ね合わせる（最初は油が浮いてくるが、しばらく練ると油
　　がなじみ、もちもちとした感じになってくる）。

3　形を整えてボウルに入れ、ぬれぶきんをかけ、40℃のと
　　ころで1時間一次発酵させる。

4　3 に生海苔を混ぜ、軽く小麦粉（分量外）をふってまな板
　　の上にのせる。3gの大きさに切り出し、外から内に包み
　　込むようにして丸める。

5　蒸し器の上段にクッキングシートを貼り、数ヵ所穴を開け、
　　4 の生地をのせる。下段に45℃の湯をはって蓋をし、30〜
　　45分二次発酵させる。

6　蒸し器の湯を沸騰させ、強火で15分蒸す。

慈 華 イツカ

料理／田村亮介

中国では、動物性の食材を使っていないことを示す、「素菜」「素食」を掲げるレストランや食堂も多く、
食のひとつの選択肢として定着している。植物性の素材を肉や魚介に見立てて作る「もどき料理」は、中国の精進料理のひとつの特徴。
キノコや野菜のほか、豆腐、湯葉、大豆ミートのような大豆加工品、グルテンなどを使ったさまざまな料理が、
目も舌も楽しませてくれる。特に最近の大豆ミートは肉の再現性が高く、
伝統的な肉料理をベジタリアン向けに作る際に重宝する。

蕃辣素肉（大豆ミートチリ）
ファンラァスゥロウ

エビチリならぬ「大豆ミートチリ」。味も食感も、まったく違和感のないおいしさ。

［乾燥大豆ミートのもどし方］

1 大豆ミートを水に浸けて表面をさっと洗った後、鍋に新たな水とともに入れて火にかける。沸騰したら弱火にし、3分ほどゆでる。

2 ザルにあけて湯をきる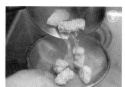。水に浸け、流水を注ぎながらやさしく握り、中の水分を押し出す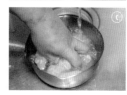。にごった水ができるだけ出なくなるまでこの作業をくり返す。

3 水気を絞って使用する。

※ミンチタイプも同様の方法でもどす。
※ブロックタイプは、ゆで上がりに指で押してみて、硬い部分が中に残っていないか確認する。

材料（3人分）
大豆ミート（ブロックタイプ。乾燥）
　… 200g（もどした状態の重さ）
A　塩 … 2g
　卵 … 1個
　片栗粉 … 20g
サラダ油（油通し用）… 適量
B　酒醸（または甘酒）… 大さじ2
チューニャン
　豆板醤 … 小さじ1
　ケチャップ … 大さじ5
　生姜（みじん切り）… 大さじ1
　ニンニク（みじん切り）… 小さじ1
C　水 … 300ml
　塩 … 小さじ1/2
　三温糖 … 大さじ1
水溶き片栗粉 … 大さじ2
D　長ネギ（みじん切り）… 大さじ2
　卵 … 1/2個
　辣油 … 大さじ2
米酢 … 大さじ1/2
香菜 … 適量

※大豆ミートは、上記のようにしてもどして水気を絞ったものを、200g用意する。

使用ベジミート　「まめやのお肉（ブロックタイプ）」→ P.150 ㉗

作り方

1 もどした大豆ミートをボウルに入れ、A の塩と卵を加えて、くずれないよう注意しながらよく混ぜてから、片栗粉を加えてまとめる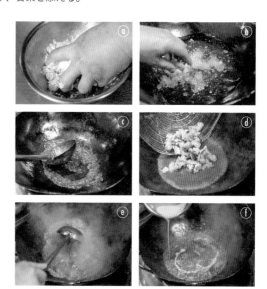。

2 1を160℃の油に通して表面を固める。油をきる。

3 油をあけた鍋に B を入れて弱火で炒め、香りを出す。C と 2 の大豆ミートを入れて、弱火で1分ほど煮る。

4 水溶き片栗粉でとろみづけして沸騰させる。

5 D の長ネギ、卵、辣油を加えてやさしく全体を混ぜる。半熟状になれば火を止める。最後に米酢を加えて、器に盛り、香菜を添える。

串素羊肉
チュアンスゥヤンロウ
（ラムもどき スパイス串焼き）

VEGAN

クミンや唐辛子、花椒などのスパイスを効かせて、表面をカリッと香ばしく焼いた大豆ミートを、串に刺して提供。
通常羊肉で作る料理だが、これもまたおいしい。食べたときに、玉ネギの水分が、ラム肉の脂のように感じられる。

材料（3人分）
大豆ミート（ブロックタイプ。乾燥）
　… 180g（もどした状態の重さ）
強力粉 … 大さじ2
A　玉ネギ（すりおろし）… 50g
　　塩 … 3g
　　醤油 … 5g
　　クミンパウダー … 1g
　　ニンニク（みじん切り）… 5g
　　一味唐辛子 … 2g
　　花椒粉 … 少量

※大豆ミートは、P.85のようにしてもどして水気を絞ったものを、180g用意する。

使用ベジミート　「まめやのお肉（ブロックタイプ）」→ P.150 **27**

作り方
1　もどした大豆ミートを2cm大の大きさに切る。ビニール袋などに A を入れ、大豆ミートを入れてよく混ぜ、1時間ほどおいて味をなじませる（ひと晩おいてもよい）。
2　1 の大豆ミートを袋からとり出し、表面に強力粉をまぶす。
3　2 をフライパンで、表面に焼き色がつきカリッとなるまで焼く。串に刺して提供する。

素回鍋肉
スッホイグオロウ

（凍り豆腐のホイコーロー）

豆腐を一度冷凍してから解凍すると、スポンジ状になる。これを使いホイコーローを作った。豆腐が調味料をよく吸うので、通常のホイコーローよりも味をやさしめにしている。

材料（2人分）

豆腐（木綿でも絹ごしでもよい）… 1丁
キャベツ … 80g
葉ニンニク … 40g
サラダ油 … 適量
A　酒醸（または甘酒）… 大さじ1
　　チューニャン
　　豆板醤 … 小さじ1/2
　　豆鼓（トウチ。10分蒸したもの）… 大さじ2/3
　　辣油 … 大さじ1
紹興酒 … 大さじ4
醤油 … 小さじ1と1/2
三温糖 … 小さじ1
辣油 … 大さじ1

使用ベジ素材	豆腐

作り方

1　豆腐は冷凍しておく。
2　1を常温において解凍した後、20分蒸すⓐ。半分に切り、1cm幅に切るⓑ。
3　キャベツは一口大の乱切りにする。葉ニンニクは2cm幅の斜め切りにし、葉先側の緑色の部分と、白っぽい部分に分けておく。
4　鍋にサラダ油を入れて低温に熱し、キャベツを油通しする。
5　油をあけた鍋に、3の葉ニンニクの白っぽい部分を入れ、Aを加えて、弱火で香りを出すように炒めるⓒ。紹興酒を入れ、2の豆腐を入れて、全体にやさしくなじませるⓓ。
6　4のキャベツ、3の葉ニンニクの緑色の部分を加えて強火にしⓔ、醤油、三温糖を入れて炒めるⓕ。
7　水分がとんだら辣油を入れて、器に盛る。

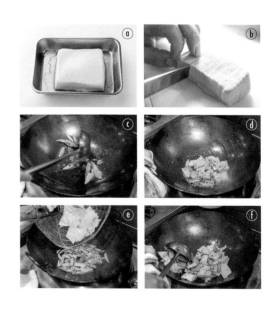

糯米焼売（大豆ミートともち米焼売）
ヌオミィシャオマイ

くびれのある形が特徴の、上海料理の糯米焼売を、豚
肉の代わりに大豆ミートを使い作った。
大豆ミートは豚肉にくらべて粘着性がないが、水溶き
片栗粉を加えるとまとまりやすくなる。

材料（25個分）

大豆ミート（ミンチタイプ。乾燥）
　… 130g（もどした状態の重さ）

もち米 … 100g

玉ネギ（みじん切り）… 100g

干しシイタケ（もどしたものをみじん切り※）… 40g

生姜（みじん切り）… 大さじ1

葱油 … 大さじ1

A　老抽（中国のたまり醤油）… 大さじ1
　　醤油 … 大さじ2
　　煎りごま … 大さじ3

水溶き片栗粉 … 大さじ2〜3

焼売の皮（下記）… 25枚

※大豆ミートは、P.85のようにしてもどして水気を絞ったものを、130g用意
する。
※干しシイタケのもどし汁200mlも使用する。

使用ベジミート　「まめやのお肉（ミンチタイプ）」→ P.148 ❹

作り方

1　もち米は、半日水に浸けておいてから、蒸気の上がった蒸
し器に入れて20分蒸す。

2　【餡を作る】鍋に葱油と玉ネギを入れて、しんなりするまで
炒める。生姜と干しシイタケを加えてさらに炒める。シイ
タケのもどし汁200mlを注ぐ。

3　2 に A ともどした大豆ミートを入れて煮る。水分が全体に
なじんだら 1 のもち米を加え、全体に味をなじませるよ
うに炒める。水溶き片栗粉でまとめる。鍋からとり出して、
冷やすⓐ。

4　【皮で包んで蒸す】焼売の皮に 3 の餡をのせ、くびれを作る
ようにしながら包むⓑⓒⓓ。蒸気の上がった蒸し器に入
れて、8分蒸す。

● 焼売の皮

材料（25枚分）

強力粉 … 100g（ふるいにかける）

薄力粉 … 100g（ふるいにかける）

塩 … 2g

熱湯 … 50ml

水 … 50ml

作り方

1　ボウルに強力粉、薄力粉、塩を入れる。熱湯50mlを入
れ、混ぜてまとめる。

2　さらに水50mlを加えてよく混ぜてまとめ、しっかりと
練り込む。容器に入れて蓋をして、20分ほどおく。

3　2 の生地をとり出し、再びつやが出るくらいまで練る。

4　麺棒を使い 3 をのばしていく。下の台が透けるくらい
まで薄くのばしたら、5〜6cm角に切る。

金魚素菜餃
<small>チン ユィ スゥ ツァイ ジャオ</small>

（金魚を象った大豆ミートと
野菜の蒸し餃子）

VEGAN ／ 五葷不使用

半透明に透ける生地の中身は、大豆ミートと野菜
の餡。包み方は金魚にこだわらず、好みの形にし
てもよい。

材料（10 個分）
餡

    大豆ミート（ミンチタイプ。乾燥）
        … 50g（もどした状態の重さ）
    シイタケ、ニンジン、金時ニンジン、大根、ゴボウ
        … 各15g
    A　薄口醤油 … 小さじ1
    |　 塩 … 少量
    |　 水 … 適量
    |　 濃口醤油 … 小さじ1
    B　大和イモ（すりおろし）… 20g
    |　 片栗粉 … 大さじ1
生地

    C　浮き粉 … 68g
    |　 片栗粉 … 4g
    熱湯 … 105g
    片栗粉 … 18g
黒ごま（2個分）… 4粒

※大豆ミートは、P.85のようにしてもどして水気を絞ったものを、50g
　用意する。

使用ベジミート 「まめやのお肉（ミンチタイプ）」→ P.148 ❹

作り方
1　ニンジン、金時ニンジン、大根は皮をむき、シイタ
　　ケ、ゴボウとともにすべて5mm角に切る。
2　【餡を作る】鍋に、もどした大豆ミートと1、Aを入
　　れて10分煮込む。
3　2をザルにあけて水気をきる。ボウルに入れて、B
　　を入れよく混ぜるⓐ。冷ましておく。
4　【生地を作る】Cの浮粉と片栗粉を合わせて分量の熱
　　湯を注ぎ、麺棒で素早く混ぜる。少しまとまってき
　　たら片栗粉18gを入れ、しっかりと素早くこねる。
5　【包んで蒸す】4の生地を1つ20gにとって、薄くの
　　ばし、3の餡を包んで金魚の形にしⓑ～ⓔ、ストロ
　　ーでウロコを作りⓕ、目と口の部分を少しへこま
　　せて、黒ごまの目をつける。セイロで7分蒸す。

蒼蠅頭
ツァイ イン トウ

（大豆ミート、ニラ、
豆鼓、唐辛子炒め）

大豆ミートに香味野菜や豆鼓のうま味、唐辛子の
辛みを効かせた炒めもの。
酒のつまみにはもちろん、白いご飯にもよく合う。

材料（作りやすい量）

大豆ミート（ミンチタイプ。乾燥）
　　… 200g（もどした状態の重さ）
生姜（みじん切り）… 大さじ1
ニンニク（みじん切り）… 大さじ1/2
ニラ（1cm幅に切る）… 60g
サラダ油 … 大さじ2
豆鼓（トウチ）… 10g
タカノツメ（1～2cm幅に切り、種をとる）… 3g
辣油 … 大さじ1
A　塩 … 2g
　　醤油 … 10g
　　三温糖 … 3g
　　老抽（中国のたまり醤油）… 5g
　　水 … 30㎖

※大豆ミートは、P.85のようにしてもどして水気を絞ったものを、200g
　用意する。

使用ベジミート 「まめやのお肉（ミンチタイプ）」→ P.148 ❹

作り方

1　豆鼓は10分蒸しておく。A は合わせておく。
2　鍋にサラダ油を入れ、生姜、ニンニクを入れて弱
　　火で炒める⒜。香りが出たら、豆鼓、タカノツメ、
　　辣油を入れてさらに炒める⒝。
3　香りが出たら、もどした大豆ミートと A を入れ、
　　強火にして炒める⒞⒟。
4　全体に調味料が混ざって香りが出たら、ニラを加え
　　てさっと炒める⒠。

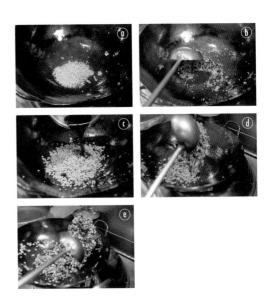

彩菜蒸素肉餅
ツァイ ツァイ ジョン スゥ ロウ ビン

（大豆ミートの蒸しハンバーグ）

伝統的な広東料理の蒸しハンバーグを、豚肉の代わりに大豆ミートを使い、彩りの美しい野菜をのせて作った。タネに加えた乾燥大豆ミートの粉末がほどよく水分を吸ってくれ、つなぎの役目もはたす。

材料（4人分）

ハンバーグ

- A 大豆ミート（ミンチタイプ。乾燥）
  - … 150g（もどした状態の重さ）
  - 干しシイタケ（もどして5mm角に切る）
  - … 30g
- B 濃口醤油 … 大さじ1/2
  - 塩 … 小さじ1/2
  - 三温糖 … 小さじ1/2
- 大和イモ（すりおろし）… 90g
- 大豆ミート（乾燥を粉末にしたもの）… 30g

大根、ニンジン、金時ニンジン … 各適量

ソース

- 玉ネギ（みじん切り）… 60g
- サラダ油 … 大さじ1
- C 干しシイタケのもどし汁 … 120g
  - 濃口醤油 … 大さじ1と1/2
  - 三温糖 … 小さじ1

※大豆ミートは、P.85のようにしてもどして水気を絞ったもの150gと、乾燥のままミキサーで粉末にしたもの30gを用意する。

使用ベジミート 「まめやのお肉（ミンチタイプ）」→ P.148 ❹

作り方

1 大根、ニンジン、金時ニンジンは皮をむき、横3cm、高さ7cmの直方体に切る。向かい合う側面を飾り切りしてから、1.5mm厚さの薄切りにする。

2 【ハンバーグのタネを作る】ボウルにAとBの調味料を入れて、手で混ぜる ⓐ。大和イモを加えて混ぜ ⓑ、大豆ミートの粉末を加えてさらに混ぜる ⓒⓓ。

3 【蒸す】耐熱皿に大豆油を適量（分量外）ぬり、2を1cmほどの厚さに丸くのばしていく ⓔ。

4 3の上に1の野菜を放射状にならべる（ⓕ中央は少しあけておく）。セイロで10分蒸す。

5 【ソースを作る】小鍋にサラダ油を入れて中火にかけ、玉ネギを入れて透き通るまで炒めたら、Cを加える。沸騰したら、4の中央に玉ネギを丸く盛り、全体にソースをかける。

素東坡肉
（精進トンポーロー）

大豆ミートと干しシイタケで肉部分を作り、冬瓜で脂身と皮を再現した。卵や卵白の代わりになる植物性素材を使えば、ヴィーガン料理にもなる。

NON - VEG ／ 卵使用

材料（4人分）

大豆ミート（ブロックタイプ。乾燥）
　… 80g（もどした状態の重さ）
干しシイタケ（もどしたもの）… 40g

A　卵 … 30g
　　塩 … 2g
　　醤油 … 3g

片栗粉 … 25〜30g
冬瓜 … 約250g（9㎝×8㎝に切ったものを2個）

B　卵白 … 1個分
　　片栗粉 … 7g

老抽（中国のたまり醤油）… 少量
揚げ油（サラダ油）… 適量
ソース（下記）… 下記の量
水溶き片栗粉 … 大さじ2
菜の花（塩ゆでする）… 4本

※揚げ油は、再使用油のほうが揚げたときに色がつきやすい。
※大豆ミートは、P.85のようにしてもどして水気を絞ったものを、80g用意する。
※肉部分はまとまりにくいので、片栗粉は多めに（25〜30g）加える。

使用ベジミート　「まめやのお肉（ブロックタイプ）」→ P.150 ㉗

作り方

1　【肉部分を作る】もどした大豆ミートは粗めに切る。干しシイタケは粗みじん切りにする。

2　1とAをボウルに入れて(a)、手でよく混ぜる。片栗粉を加えて混ぜ(b)、全体をまとめる。

3　【皮と脂分を作る】豚バラ肉の皮と脂部の形になるように冬瓜を切る。種とワタをとり除き、皮をむく。実の内側に、包丁で切り込みを等間隔に数本入れる(c)。切り込みを入れた側に、刷毛で片栗粉（分量外）をしっかりまぶす。

4　【東坡肉に仕立てる】3の片栗粉をまぶした側に2をのせて、はがれないようにしっかりおさえて貼りつける(d)。横から見たときにバラ肉に見えるように形を整える。

5　4の大豆ミート部分の表面に、Bを混ぜ合わせた衣を、刷毛でしっかりとぬる(e)。

6　冬瓜の皮側の表面に、老抽を少量ぬる（(f)多少ムラになっていたほうが、東坡肉らしい）。冬瓜側を下にしてザーレンにのせ、230℃に熱した油に、冬瓜部分だけを入れる。大豆ミート部分は、まわりの油をかけながら表面の卵白衣を固める(g)。

7　6の冬瓜部分が色づいたら油からとり出し(h)、大豆ミート部分を下にして網にのせ、沸騰した湯にさっとくぐらせて表面の油抜きをする(i)。

8　7を、大豆ミート側を下にして深バットに入れる。ソースをひたひたに注ぎ(j)、表面にペーパータオルをかぶせる。バットにラップをし(k)、蒸気の上がった蒸し器に入れて40分蒸す。

9　蒸し上がったら東坡肉をとり出す。ソースは漉して鍋に入れ、中火にかけて半量まで煮詰める。水溶き片栗粉でとろみづけする。

10　器に東坡肉をのせて、9のソースをかける。ゆでた菜の花を添える。

●ソース

材料

玉ネギ（薄切り）… 1/2個分
葱油 … 大さじ1
水 … 600㎖
八角 … 3g
桂皮 … 3g
上白糖 … 40g

C　醤油 … 10g
　　三温糖 … 8g
　　老抽 … 10g

作り方

1　フライパンに葱油と玉ネギを入れ、しんなりするまで弱火で炒める。分量の水、八角、桂皮を入れ、沸騰したら火を止めておく。

2　別鍋に上白糖を入れて弱火にかけ、カラメルを作る。180℃ほどのカラメルになったら、1をすべて注ぎ入れて沸騰させる。Cを加える。

素鴨（精進ロースト鴨）

エリンギを鴨の身に、半乾燥湯葉を皮に見立てたヴィーガン鴨ロースト。前菜として、常温で提供する。最後の焼き加減が、鴨らしく見せるポイント。

VEGAN ／ 五葷不使用

材料（2 人分）

半乾燥湯葉（豆腐皮）… 1.5枚

A | 水 … 200㎖
| 干しシイタケのもどし汁（なければ水）… 100㎖
| 醤油 … 9g
| 塩 … 2g
| 三温糖 … 5g

エリンギ（太いもの）… 2本

B | 紅腐乳 … 40g
| 三温糖 … 20g
| 水 … 10㎖
| 五香粉 … 少量

サラダ油 … 適量

| 使用ベジ素材 | 半乾燥湯葉（豆腐皮） |

半乾燥湯葉（豆腐皮）

作り方

1　半乾燥湯葉は、1枚を半分に切ったものを3枚用意する。

2　A を合わせて沸騰させ、冷ます。

3　バットに 2 と 1 の湯葉を入れ、1時間ほど浸けておく ⓐ。

4　エリンギは傘の部分を削りとって円柱状にする。火の通りがよくなるよう、串などで全体に穴を開けておく。

5　4 を、塩（分量外）を加えた湯で3分ゆでて ⓑ、冷水に落として冷ます。ペーパータオルで水気をしっかりとる。中央に縦に切り目を入れて開く ⓒ。中の水気もペーパータオルでとる ⓓ。

6　B をよく混ぜ合わせ、5 のエリンギを入れてたれをからめ ⓔ、10分ほど浸けておく。

7　3 の湯葉をとり出し、ペーパータオルの上に3枚重ねて敷く。上の面の汁気をペーパータオルで軽くとる。中央に 6 のエリンギを開いて2枚重ねておく ⓕ。鴨の胸肉をイメージし、春巻きの要領で巻く ⓖ。巻き終りは、湯葉に片栗粉（分量外）をつけてとじる。

8　蒸気の上がった蒸し器に入れて、10分蒸す。

9　蒸し器からとり出し、30分ほど風にあてて表面を乾かす ⓗ。

10　フライパンに多めのサラダ油を入れて、巻き終りを下にして 9 を入れ ⓘ、何度か裏返しながら、ゆっくりと表面に焼き色をつける ⓙ。

11　2㎝幅に切り、器に盛り付ける。

１枚のパンに甜麺醤をぬり、揚げ湯葉、長ネギ、紅芯大根をのせ、もう１枚のパンではさんで食べる。

烤素方
<small>カオスゥファン</small>

（揚げ湯葉サンド　北京ダック風）

揚げた湯葉で、北京ダックを再現した。湯葉の間には
さんだ大豆ミート、エノキ、シイタケは、鴨の皮の裏
側の脂をイメージしたもの。揚げ油の温度が低すぎる
とパリッとならないので、高めの温度で揚げるとよい。

VEGAN

材料（16 個分）

半乾燥湯葉（豆腐皮。P.97参照）… 3枚

大豆ミート（ミンチタイプ。乾燥）
　　… 50g（もどした状態の重さ）

干しシイタケ（もどして5mm角に切る）… 20g

エノキ（1mm幅に切る）… 20g

サラダ油 … 少量

A　醤油 … 5g
　　三温糖 … 2g
　　塩 … 2g
　　水 … 10g

B　薄力粉 … 30g
　　水 … 40g

サンドイッチ用パン … 16枚（半分に切る）

C　長ネギ（細切り）… 30g
　　紅芯大根（細切り）… 30g
　　甜麺醤 … 適量

揚げ油（サラダ油）… 適量

※大豆ミートは、P.85のようにしてもどして水気を絞ったものを、50g用意する。
※ A は合わせておく。

| 使用ベジ素材／ベジミート | 半乾燥湯葉（豆腐皮）／ |

「まめやのお肉（ミンチタイプ）」→ P.148 ❹

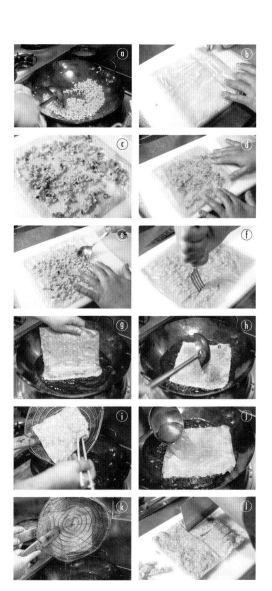

作り方

1　鍋に少量のサラダ油ともどした大豆ミート、干しシイタケ、
　エノキを入れて炒める。A を加えて炒め⒜、水分がとんだ
　ら鍋からとり出し、冷ましておく。

2　湯葉を半分に切り、6枚にする。3枚を1セットとする。
　B を混ぜ合わせてのりを作る。

3　1枚目の湯葉にのりを薄くぬる⒝。ふちは多めにぬる。

4　3 の湯葉の上に 1 を適量散らす⒞。2枚目の湯葉を重ねる
　⒟。

5　1枚目と同じようにのりをぬり、1 を散らす⒠。3枚目の
　湯葉を重ねてしっかり貼りつける。フォークで全体に穴を
　開ける⒡。蒸し器で1分蒸す。もう1セットも 3 〜 5 と
　同じようにして作る。

6　1セットずつ、160℃に熱した油に入れて⒢、まわりの油
　をかけながら揚げる⒣。

7　表面に気泡ができてきたら、ザーレンを使って裏返し⒤、
　また油をかけながらパリッと揚げる⒥。

8　2つのザーレンではさんで、しっかり油をきる⒦。

9　はじを少し切り落とし、それぞれ8等分の長方形に切り分
　ける⒧。

10　サンドイッチ用のパンはすべて半分に切り、9 とともに器
　に盛る。C を添える。

香醋素排骨
シャン ツゥ スゥ バイ グゥ
（スペアリブもどきの黒酢煮）

ゴボウでスペアリブの骨を、考麩で肉部分を作った。
考麩は、小麦グルテンに少量のイーストを加えて微発
酵させた食品で、中国の精進料理に使われる。
揚げる温度が高すぎると、中まできちんと火が入らな
いので、低温でじっくり揚げるとよい。

VEGAN ／ 五葷不使用

材料（8 個分）
考麩 … 120g
ゴボウ（8cm長さ×1.5cm幅程度の
　　縦四つ割に切ったもの）… 8本
揚げ油（サラダ油）… 適量
A　水 … 300ml
　　三温糖 … 25g
　　醤油 … 7g
　　米酢 … 10g
　　鎮江黒酢 … 18g
　　老抽（中国のたまり醤油）
　　　　… 5g

使用ベジ素材　考麩

考麩

作り方

1　考麩はハサミで8等分（1個15g）に、切り分ける⒜。
2　ゴボウはさっとゆでる。水気をきり、片栗粉（分量外）を
　まぶしておく。
3　2 のゴボウをスペアリブの骨に見立て、中央部分に考麩を
　巻きつける（⒝手を水でぬらしておくと、作業がしやす
　い）。手で握ってしっかり密着させる。巻き終りを下にし
　て、サラダ油を薄くぬったバットにのせる。すべて巻き終
　ったら、蒸気の上がった蒸し器に入れて3分蒸し、表面を
　固める⒞。
4　多めの油を140℃ほどに熱し、3 を入れて弱火で考麩に火
　を通す⒟。膨らんできた考麩にまわりの油をかけながら、
　ゆっくりと火を通す⒠。
5　膨らんで丸くなったら、火を止めて、まわりの油をかけな
　がら中が半透明になってくるまで完全に火を通す。
6　5 を油からとり出し、沸騰した湯に通して油抜きする（⒡
　ゴボウがはずれないように注意する）。
7　A と 6 を鍋に入れて弱火で15〜20分ほど煮る⒢⒣。
8　仕上げに強火にして汁気が少し残るくらいまで煮詰めて、
　器に盛り付ける。

FARO ファロ

料理／前田祐二

FAROにはヴィーガンコースがあるが、代替肉はほとんど使用していない。そこで、ここではさまざまなタイプの
ベジミートを使用し、あらためてヴィーガン対応の料理を考えた。
イタリア料理以外に、オムライスやタコスなど、おなじみの料理も合わせてご紹介している。
ヴィーガン料理をおいしく作るためには、野菜が重要。ぜひ、おいしい野菜をお使いいただきたい。

オリエンタルヴィーガンオムライス

野菜や大豆ミートを具にしたケチャップライスを、豆乳クリームや米粉などで作る生地で巻く。味の決め手は自家製ケチャップ。卵らしく見せる色づけには、紅花から抽出した色を使った。

VEGAN ／ 五葷不使用

●ケチャップ

VEGAN

自家製の甘酒を使い、自然な甘みを活かしたやさしい味に。

材料（作りやすい量）

トマト（湘南ポモロン）… 1kg
自家製甘酒（自然栽培米を使って米麹を作り、甘酒にしたもの。※）… 160g
トマト酢 … 15g〜
甜菜糖 … 15g〜
塩 … 全体量の1％

※自家製甘酒（炊飯器での作り方）：米1合、水4合分を合わせて炊飯器のおかゆモードで炊き、60℃ほどまで冷ます。米麹300gを加え、10時間ほどおく。

作り方

1　トマトはざく切りにして鍋に入れ、600gまで煮詰める。
2　1とその他の材料をすべてミキサーに入れ、なめらかになるまでまわして、漉す。
3　味をみて、酸味と甘みを調整する。

材料（作りやすい量）

生地
　豆乳クリーム（※）… 500g
　紅花水（※）… 100g
　米粉 … 160g
　タピオカスターチ … 5g
　塩 … 全体量の0.6％
ケチャップライスのベース
　パプリカ（赤、黄。各1cm角切り）… 計200g
　マッシュルーム（厚めのスライス）… 200g
　大豆ミート（フレークタイプ。レトルト）… 80g
　オリーブ油 … 15ml
　塩 … 2g
　ケチャップ（自家製。左記）… 200g
ご飯（1人分）… 100g
塩、コショウ … 各適量
マイクロハーブミックス … 適量
ケチャップ（自家製。左記）… 適量

※豆乳クリームは、不二製油製「濃久里夢（こくりーむ）」を使用した。
※紅花水：1ℓの水に30gの紅花を入れて真空パックし、一晩浸けて、漉して使用する。

使用ベジミート 「クイックソイ（フレークタイプ）」→ P.151 ㉟

作り方

1　【生地のベースを作る】米粉とタピオカスターチ、塩を合わせたものに、豆乳と紅花水を入れて、バーミックスでよく混ぜ合わせる。
2　【ケチャップライスを作る】ベースを作る。フライパンにオリーブ油を入れてパプリカ、マッシュルームを炒める(a)。
3　全体がしっとりしてきたら、大豆ミートを入れてほぐしながら炒める(b)。
4　水分がなくなってきたら、塩とケチャップを入れて、なじませる(c)。
5　別のフライパンに、1人分のご飯100gと、4のベース120gを入れて火にかけ、よく混ぜ合わせる(d)。塩、コショウで味を調える。
6　【オムライスを仕上げる】テフロン加工のフライパン（直径26cmくらいがよい）を火にかけて温め、1の生地のベースを90ml流し入れ、手早く全体に広げる(e)。
7　弱火を保ちながら、生地の色が変わって火が入ったのを確認したら、中央に5のケチャップライスを盛り(f)、生地で包み(g)(h)、皿の中央に盛り付ける。
8　マイクロハーブミックスを上部に添えて、温めたケチャップをオムライスに流しかける。

ヴィーガンボロネーゼの
フェットチーネ

肉の代わりに、ミンチタイプの大豆ミートを使ったボ
ロネーゼソース。キノコや野菜、赤ワインやスパイス
の風味が重なり、植物性素材だけとは思えない重厚な
味わいに。さまざまなヴィーガン料理に展開できるの
で、覚えておくと便利なソースだ。本書では、フェッ
トチーネ以外に、ラザニア（P.106）とライスコロッ
ケ（P.107）にも使用している。

材料（作りやすい量）
ヴィーガンボロネーゼソース
A ドライポルチーニ … 50g
   干しキクラゲ … 15g
   干しシイタケ … 15g
マッシュルーム … 300g
B 玉ネギ … 300g
   ニンジン … 100g
   セロリ … 100g
大豆ミート（ミンチタイプ。レトルト）… 240g
ホールトマト（裏ごしたもの）… 1kg
オリーブ油 … 100mℓ
ローリエ … 2枚
赤ワイン … 750mℓ
C 塩 … 25g
   ナツメグパウダー … 2g
   クローブ … 0.3g
   黒コショウ … 0.8g
ヴィーガンパスタ生地（左記）… 適量

使用ベジミート 「**クイックソイ（ミンチタイプ）**」→ P.151 ❸❹

作り方
1 【ヴィーガンボロネーゼソースを作る】A のキノコは、合わせて
   500mℓの水に浸けてもどしておく。
2 1 のキノコを水から上げる。もどし汁はリードペーパーで
   漉し（底のほうに砂がたまっているため）、半分ほどに煮
   詰めておく。
3 B の野菜をフードプロセッサーに入れて、みじん切りにす
   る。
4 大きめの深鍋にオリーブ油、3 の野菜、ローリエを入れて
   ゆっくり炒める。
5 2 のキノコとマッシュルームをフードプロセッサーに入れ、
   みじん切りにする。
6 4 の野菜の水分がなくなってきたら、5 のキノコを入れて
   よく炒める。
7 大豆ミート、ホールトマトを入れて、混ぜながらゆっくり
   煮詰める。
8 赤ワインはアルコールをとばし、半分くらいまで煮詰めて、
   途中で 7 に入れる。2 のもどし汁も入れる。
9 2時間ほどかけて煮詰めたら、仕上げに C の塩とスパイ
   スを入れて味を調える。充分に冷ましてから冷蔵庫でひと
   晩ねかせると、味が落ち着く。
10 【仕上げる】パスタ生地をパスタマシーンで 1.5mm厚さにの
   ばし、フェットチーネ用のカッターでカットする。
11 10 のパスタ（1人分70〜80g）を塩（分量外）を加えた湯
   でゆでて、水気をきる。温めた 9 のソースを適量からめ
   て、皿に盛り付ける。

●ヴィーガンパスタ生地

材料（作りやすい量）
小麦粉（イタリア産トリプルゼロ）… 500g
塩 … ひとつまみ
紅花水（P.103 ※ 参照）… 200g

作り方
1 ボウルに小麦粉と塩を入れ、紅花水を加えて混ぜ合
   わせる。まとまってきたら、ラップフィルムをかぶ
   せて30分ねかせる。
2 ボウルからとり出して、台の上でよくこねる。
3 もう一度 1 同様にねかせて、2 同様にこねる工程を
   くり返す。

ヴィーガンラザニア

ヴィーガンボロネーゼソース（P.105）を使ったラザ
ニア。ベシャメルもパスタ生地も、すべてヴィーガン。

材料（20cm×15cm、高さ5cmの耐熱容器1個分）
ヴィーガンボロネーゼソース（P.105）… 600g
ヴィーガンベシャメル（下記）… 500g
ヴィーガンパスタ生地（P.105）… パスタマシーンで
　　1.5mm厚さにのばし、18cm×13cmサイズに切ったものを5枚

作り方
1　パスタ生地は、塩（分量外）入りの湯でゆでて、水に入れ
　　て冷やし、水分をきっておく。
2　耐熱容器にオーブンシートを敷く。
3　ボロネーゼソース100gとベシャメル80gをまだらに敷いて、
　　1の生地を1枚のせる。
4　3の作業をあと4回くり返し、一番上にボロネーゼソー
　　スとベシャメルをのせる。180℃のオーブンに30分入れて、
　　焼き色をつける。
5　適宜の大きさに切り出して、皿に盛り付ける。

● ヴィーガンベシャメル

材料（作りやすい量）
薄力粉 … 40g
オリーブ油 … 30g
豆乳クリーム（※）… 250g
オーツミルク（砂糖不使用）… 250g
塩 … 2.8g
ナツメグパウダー … 2g

※豆乳クリームは、不二製油製「濃久里夢（こくりーむ）」を使用した。

作り方
1　鍋に薄力粉、オリーブ油を入れてヘラで混ぜながら加熱す
　　る。クッキーのような香りがしてきたら火を止める。
2　常温になるまで冷ましたら、豆乳クリーム、オーツミルク
　　を、なじませながら入れていく。
3　液体をすべて入れ終えたら、鍋を火にかけて、よく混ぜな
　　がら加熱する（だんだん濃度がついてくる）。
4　沸騰したら火を止めて、塩、ナツメグを入れて混ぜ、シノ
　　ワで漉す。

ライスコロッケ

ヴィーガンボロネーゼソース（P.105）を、炊いた米と合わせてコロッケに。ここでは中にヴィーガンチーズを入れたが、入れずに作ってもよい。衣はグルテンフリーを意識して、小麦粉を使わずに作った。

材料（8個分）

A　米 … 180g
　　水 … 360g
　　塩 … 1g
ヴィーガンボロネーゼソース（P.105）… 180g
ヴィーガンチーズ（市販※
　　1cm×1cm×長さ5cmほどに切る）… 適量
米粉、水溶き米粉、おから入り米パン粉（※）… 各適量
揚げ油（米油）… 適量

※ヴィーガンチーズ：不二製油製「大豆舞珠（マメマージュ）セミハード」
　を使用した。
※おから入り米パン粉：上万糧食製粉所製「WA-PANKO 米の衣（おからミック
　クス）」を使用した。

作り方

1　圧力鍋に A の材料を入れて加熱し、蒸気が出はじめたら弱火にし、タイマーを7分にセットする。

2　鍋に流水をかけて急冷し、圧力が下がったのを確認したら、蓋を開ける。

3　ボロネーゼソースを入れて、水分をとばすように混ぜてなじませる。よく混ざったら、一度バットにとり出して冷ます。

4　3 を60gずつに分けて@、中にヴィーガンチーズを入れて包み、俵形に整える(b)(c)(d)。

5　4 に米粉、水溶き米粉、おから入り米パン粉の順につける。

6　米油を180℃ほどに熱し、5 を色よく揚げる。

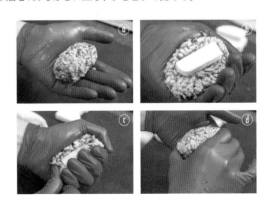

ヴィーガンタコス

ミンチタイプの大豆ミートを使って"チリビーンズ"を
作り、サルサソースやワカモレソースとともに自家製
トルティーヤで巻いて食べる。

材料（作りやすい量）

チリビーンズ（下記）… 適量

サルサソース（下記）、ワカモレソース（下記）、トル
　ティーヤ（下記。※）、好みの野菜（カラシ菜など）、
　ヴィーガンマヨネーズ（好みで）… 各適量

※ここでは自家製のコーントルティーヤを使用したが、市販のフラワー
　トルティーヤでもおいしく食べられる。

トルティーヤに、好みの野菜とチリビーンズ、好みのソースをのせて包んで食べる。

●チリビーンズ

材料（作りやすい量）

白インゲン豆（乾燥※）… 100g

A 玉ネギ … 300g
　ニンジン … 100g
　セロリ … 100g

オリーブ油 … 100㎖

ニンニク（丸のままつぶす）… 15g

ローリエ … 2枚

大豆ミート（ミンチタイプ。レトルト）… 160g

ホールトマト（裏ごししたもの）… 500g

塩 … 8g

B ケイジャンスパイス … 2g
　黒コショウ … 3g
　オールスパイス … 3g
　クミンパウダー … 3g
　オレガノ（ドライ）… 3g
　ナツメグパウダー … 1g
　カイエンペッパー … 1g

※白インゲン豆：三栄商会の、国産白インゲン豆を使用した。

| 使用ベジミート | 「クイックソイ（ミンチタイプ）」→ P.151 **34** |

作り方

1　白インゲン豆は、一晩水に浸けた後、弱火でやわ
　らかくなるまでゆでる。全体量の0.8%の塩（分量
　外）を加え、ゆで汁に浸けたまま冷ます。

2　A の野菜はすべてみじん切りにする。

3　鍋にオリーブ油とつぶしたニンニク、ローリエ、2
　の野菜を入れてゆっくり炒める。

4　野菜に火が通ってしっとりしたら、大豆ミートとホ
　ールトマトを入れてゆっくり20分ほど煮込む。

5　水気を切った 1 の白インゲン豆、塩、B のスパイス
　を入れて味を調える。

※でき上がってすぐでもおいしいが、翌日のほうが味がなじんで、
　よりおいしい。

●サルサソース

トマト（湘南ポモロン）の皮を湯むきして、1cm角に
切る。塩、E.V.オリーブ油、みじん切りにして水にさら
した玉ネギ、青唐辛子（輪切り）、ライム果汁を加えて
味を調える。

●ワカモレソース

アボカドの実を1cm角ほどに切り、ライム果汁、塩、
みじん切りにして水にさらした玉ネギを加えて混ぜ、味
を調える。

●トルティーヤ

材料（作りやすい量）

マサ粉 … 200g

塩 … 1g

ぬるま湯 … 190g

作り方

1　ボウルにマサ粉と塩を入れ、ぬるま湯を注いで混ぜ
　合わせる。手でこねて、なめらかになったら丸め、
　ボウルにラップをして30分ねかせる。

2　20gずつに分けてトルティーヤプレスでのばし、フ
　ライパンで両面を焼く。

ベジミートボールの
トマト煮

挽き肉同様に使えるオムニミートでミートボール
を作り、トマト煮に。タネにフレッシュハーブを
加えることで、イタリアのミートボールに近い味
わいになる。

材料（作りやすい量）

トマトソース
| ホールトマト（粗くつぶしたもの）… 1kg
| 玉ネギ（厚めのスライス）… 350g
| ニンジン（厚めのスライス）… 100g
| セロリ（厚めのスライス）… 100g
| オリーブ油 … 100㎖
| 塩 … 適量

ミートボール
| オムニミート（冷凍を解凍したもの）… 300g
| イタリアンパセリ … 30g
| ローズマリー（生）… 10g
| 黒コショウ … 1g
| 米粉 … 適量
| 揚げ油（米油）… 適量

バジル（生）… 2枝

使用ベジミート 「オムニミート」→ P.152 **39**

作り方

1 【トマトソースを作る】鍋にオリーブ油と玉ネギ、ニン
  ジン、セロリを入れて、焦げないようにゆっくり炒
  める。

2 野菜がしんなりしてきたら、ホールトマトを入れて
  1時間ほど煮込む。

3 2 をミキサーでまわしてなめらかにし、漉す。塩で
  味を調える。

4 【ミートボールを作る】イタリアンパセリとローズマリ
  ーは、みじん切りにする。

5 ボウルにオムニミート、4 のハーブ、黒コショウを
  入れて混ぜ合わせる@。30gずつとって丸め⑥、全
  体に米粉をまぶしつける©。

6 米油を180℃に熱し、5 を揚げて表面を固め⑥、油
  をきる⑥。

7 【トマトソースで煮る】3 のトマトソースを適量鍋に入
  れて温め、6 のミートボールを入れて⑥ 10分ほど
  煮込む。仕上げにソースの中にバジルを手でちぎっ
  て入れ、皿に盛り付ける。

ヴィーガントリッパ煮込み

大きさや形状などが異なる、3種類の乾燥大豆ミートを使用したトマト煮込み。見た目もちょうどトリッパのトマト煮のようで、楽しめる。

材料（8人分）

大豆ミート（ブロックタイプ、フィレタイプ、
　スライスビーフタイプ。すべて乾燥）… 各100g

A　玉ネギ（薄切り）… 400g
｜　ニンジン（拍子木切り）… 100g
└　セロリ（拍子木切り）… 100g

オリーブ油 … 適量
白ワイン … 100mℓ
トマト水（※）… 1ℓ
ホールトマト（裏ごしたもの）… 400g
塩 … 適量
ハーブミックス（右記）… 適量

※トマト水：トマトのヘタをとってざく切りにし、冷凍する。ペーパータオルを敷いたシノワに入れて解凍しながら、自然にしたたり落ちる汁をとったもの。

> 使用ベジミート　「ソイミート（唐揚げタイプ）」→ P.150 ㉖
> 　　　　　　　　「大豆と玄米のベジフィレ」→ P.150 ㉒
> 　　　　　　　　「ソイミート（ビーフタイプ）」→ P.149 ⑰

作り方

1　大豆ミートは、それぞれ湯で10分ほどゆでて、ザルにあける。ボウルに入れて流水を注ぎながら絞って洗い、水気をよく絞っておく。

2　鍋にオリーブ油と A の野菜を入れて、弱火でゆっくり炒める。

3　野菜に火が通ってしっとりしたら、1の大豆ミートを入れてなじませる。白ワインを加え、アルコールをとばす。

4　トマト水、ホールトマトを入れて弱中火で30分煮込む。仕上げに塩とハーブミックスを加えて味を調える。少し深めの器に盛り付ける。

● ハーブミックス

材料（作りやすい量）

ニンニク（ごく細かいみじん切り）… 10g
レモンの皮（すりおろし）… 1個分
タイム … 5g
ローズマリー … 5g
セージ … 5g
バジル … 20g
パセリ … 30g
オリーブ油 … 50g

※ハーブはすべて生。

作り方

ハーブをすべてみじん切りにし、すべての材料を合わせる。

ヴィーガンカツレツ

大豆ハムのカツレツは、やや厚めに作るとおいしい。
シンプルな料理なので、添える野菜やソースはおいし
いものを。

材料（作りやすい量）

大豆ハム（エージェーハム。冷凍を解凍したもの）
　… 適量
米粉、水溶き米粉、おから入り米パン粉（※）… 各適量
米油 … 適量
ケッカソース（下記）… 適量
ルコラ … 適量
バルサミコ酢、塩、E.V.オリーブ油 … 各適量

※おから入り米パン粉：上万糧食製粉所製「WA-PANKO 米の衣（おからミックス）」を使用した。

使用ベジミート 「エージェーハム」→ P.152 ㊼

作り方

1　大豆ハムを、1cm厚さに切る。
2　1 に米粉、水溶き米粉、おから入り米パン粉の順につける ⓐ ⓑ。
3　フライパンに、カツが半分浸かるくらいの米油を入れて 180℃に熱し、2 を入れる ⓒ。下の面が色づいたら裏返し ⓓ、両面とも色よく焼いたらとり出して油をきる。
4　ルコラをバルサミコ酢、塩、オリーブ油で和える。
5　皿に 3 のカツレツを盛り付けて、4 とケッカソースを添える。

● ケッカソース

作り方

トマト（湘南ポモロン）の皮を湯むきして、くし形に切る。
塩、つぶしたニンニク1粒、オリーブ油、ちぎったバジルで
和えて味つけする。

NEXTツナと3種類の豆のサラダ

缶詰のツナを模した植物性ツナに、さまざまな豆と野
菜を合わせてサラダに。

材料（作りやすい量）

A　貝豆（乾燥 ※）… 100g
　　緑貝豆（乾燥 ※）… 100g
　　姉っこ豆（乾燥 ※）… 100g
NEXTツナ … 2缶
セロリ（厚めのスライス）… 200g
玉ネギ（みじん切り）… 30g
イタリアンパセリ（みじん切り）… 20g
オリーブ油、塩、黒コショウ … 各適量
クルトン（ローズマリーの香りを移したもの）… 適量

※貝豆（皮が紫系のもの）、緑貝豆（皮が緑系のもの）、姉っこ豆（士幌い
　んげん）は、北海道の在来種のインゲン豆。農薬、化学肥料不使用の、三
　栄商会の国産豆を使用している。

| 使用ベジミート | 「NEXTツナ」→ P.152 ㊻ |

作り方

1　A の豆は、それぞれ4倍量の水に浸けてもどす。翌日、浸
　けていた水ごと別々に圧力鍋に入れ、蒸気が出てから5分
　間加熱して、圧力が下がったのを確認したら蓋を開け、煮
　汁ごと容器に移す。重量の1％の塩を加えて冷ましておく。
2　ボウルにセロリ、玉ネギ、水気をきった1の豆、ほぐし
　たNEXTツナ、イタリアンパセリを入れ、オリーブ油、塩、
　黒コショウで味を調える。
3　丸く山になるように器に盛り付け、クルトンをのせる。

NEXTツナ

ヴィーガンファゴッティーニ

スペルト小麦で作った自家製麹に、焼き肉の味つけがされたNEXTハラミや黒ニンニクを合わせて詰め物に。麹の発酵風味に、醤油ベースの味つけ疑似肉はすんなりとなじむ。カブのピューレやグリーンの野菜パウダー、フキノトウのフリットを添えた盛り付けは、初春の山の情景をイメージしたもの。

材料（作りやすい量）

詰め物

> スペルト小麦麹（自家製。※）… 100g
> NEXTハラミ（冷凍を解凍したもの）… 80g
> フキノトウの花芽 … 10g
> 黒ニンニク（自家製。※）… 10g
> 精進だし（下記）… 70g
> 塩 … 1.8g
> 黒粒コショウの塩漬け（カンボジア製）
>   … ファゴッティーニ1個につき1/4カット
> オリーブ油 … 適量

ヴィーガンパスタ生地（P.105）… 適量
カブのピューレ（下記）… 適量
アシタバのパウダー（※）… 適量
カブの葉のパウダー（※）… 適量
フキノトウの素揚げ（葉をはがして素揚げしたもの）
  … 適量

※自家製スペルト小麦麹：蒸したスペルト小麦に小麦用麹菌を付着させ、38℃ほどの温度を保ち培養させて作る。
※自家製黒ニンニク：皮付きのニンニクを、保温モードにした炊飯器に3週間ほど入れて作る。
※アシタバのパウダー：天然のアシタバを50℃ほどのフードディハイドレーターに入れて乾燥させる。ミルサーでパウダーにし、細かい目のふるいで漉しておく。
※カブの葉のパウダー：カブの葉で、アシタバのパウダー同様に作る。

| 使用ベジミート | 「NEXTハラミ」→ P.152 **44** |

スペルト小麦麹

黒粒コショウの塩漬け

作り方

1 【詰め物を作る】フキノトウの花芽は粗めのみじん切りにし、オリーブ油でソテーする。スペルト小麦麹は、180℃のオーブンで15分ほど香ばしくローストし、冷ましておく。冷めたら粗みじん切りにする ⓐ。

2 NEXTハラミは粗みじん切りにし、オリーブ油で軽くソテーして香ばしさを出す ⓑ。

3 1と2、みじん切り（またはペースト）にした黒ニンニク、精進だし、塩をボウルに入れて ⓒ、よく混ぜ合わせる ⓓ。

4 【ファゴッティーニを作る】ヴィーガンパスタ生地を、パスタマシーンで1.5mm厚さにのばし、5cm×5cmのサイズにカットする ⓔ。

5 4に3の詰め物をのせて ⓕ、それぞれに、黒粒コショウの塩漬けを1/4粒分のせて ⓖ、閉じる ⓗ。

6 5を塩（分量外）入りの湯で2分ゆでる。

7 カブのピューレを皿に敷き、アシタバのパウダー、カブの葉のパウダーをふりかける。

8 6のファゴッティーニを盛り付け、素揚げしたフキノトウの葉を飾る。

● 精進だし

水2ℓ、干しシイタケ5個、昆布30g、切り干し大根100g、煎り大豆30g、煎り玄米15gを合わせて2時間煮出して、漉したもの。

● カブのピューレ

鍋にオリーブ油と1cm角に切ったカブを入れ、蓋をしてゆっくり火を入れる。やわらかくなったら重量の1％の塩を入れ、バーミックスでなめらかなピューレにする。

ERICK SOUTH エリックサウス

料理／稲田俊輔

インドは菜食主義者が特に多い国であり、ベジタリアン料理の世界はある意味完成されている。
逆にいうと、そこに代替肉が入り込む隙はないともいえる。そこで今回はあくまで
インドのノンベジ（肉料理）の応用でレシピを組み立てた。またその場合、家庭料理、伝統料理よりは
近代レストラン料理的な、重層的で濃厚な調理法が、ヴィーガンミートに向いていると思われる。

ヴィーガンチャナビーフ → **P.118**

ベジタブルキーマ → **P.120**

ヴィーガンコフタマサラ → **P.119**

ソイチキン65 → **P.122**

ベジシークケバブ → **P.124**

●ヴィーガンカレーソース

汎用カレーソース。これをベースにさまざまなカレーに展開可能。ここでは、ヴィーガンチャナビーフ（P.118）とヴィーガンコフタマサラ（P.119）の2種類のカレーをご紹介した。

玉ネギとトマトの水分をしっかりとばすことでうま味を凝縮させ、乳製品に代えてココナッツカシューペーストで厚みを加える。コクを付与するスパイスであるカスリメティもポイント。任意で酵母エキスパウダーを総重量の1％使用すると、ベジ料理に慣れていない層にもより食べやすい味わいに。

材料（8人分／仕上がり1200g）

サラダ油 … 120g
玉ネギ（縦に薄切り）… 480g
ジンジャーガーリックペースト（※）… 64g
トマト缶（できれば裏ごしタイプ）… 240g
塩 … 12g
砂糖 … 12g
パウダースパイス
　コリアンダーパウダー … 3g
　クミンパウダー … 3g
　カイエンペッパー（※）… 3g
　ターメリックパウダー … 3g
　ガラムマサラ（※）… 4g
ココナッツカシューペースト
　カシューナッツ（ロースト。無塩）… 80g
　ココナッツミルクパウダー … 40g
　水 … 280ml
水 … 200ml
カスリメティ … 2g
酵母エキスパウダー（あれば。好みで）… 12g

※ジンジャーガーリックペーストは、生姜、ニンニク、水を1:1:2で合わせ、ミキサーでなめらかに撹拌したもの。
※辛さをおさえる場合は、カイエンペッパーの50〜90％をパプリカパウダーに置き換える。
※ガラムマサラは、辛みがなく香りの強い自家製を使用した。

作り方

1　鍋にサラダ油と玉ネギを入れ、強火で炒めてしっかり焼き色をつける。
2　水を少量（分量外）加え⑧、水が蒸発するまでさらに炒める⑤。この工程を何度かくり返すと、ソースがよりなめらかに仕上がる。
3　玉ネギがまんべんなく色づいてやわらかくなったら、ジンジャーガーリックペーストとトマト缶を加え©ⓓ、表面にオイルが浮くまで炒める。
4　塩と砂糖、パウダースパイスを加え⑥、しっかり香りが立つまで炒める。
5　ココナッツカシューペーストの材料をミキサーにかけて、鍋に加える⑥。
6　すぐに水（200ml）を5のミキサーに入れて、すすぎつつ鍋に加える。カシューナッツに火が通ることでとろみが出てくるまで、撹拌しながら加熱する⑨。
7　鍋の中の重量が1200gになったら、カスリメティと好みで酵母エキスパウダーを加える⑥。

盛り付けてから、香菜と細切りの生姜を散らした。

ヴィーガンチャナビーフ

VEGAN

下味をつけてソテーした大豆ミートとひよこ豆を、
ヴィーガンカレーソースと合わせる、ボリューム
感のあるカレー。

材料（2人分）

大豆ミート（スライスビーフタイプ。乾燥）
　… 20g（もどすと60g以上になる）
A　塩 … 0.5g
　│　パプリカパウダー … 少量（0.2g）
　└　ターメリックパウダー … 少量（0.2g）
ひよこ豆（水煮缶詰）… 60g
ヴィーガンカレーソース（P.117）… 300g

使用ベジミート　「ソイミート（ビーフタイプ）」→ P.149 **⑰**

作り方

1　大豆ミートは熱湯に入れて蓋をし、10〜15分ほど
　おいてもどす。ザルにあけて水気をきった後水にさ
　らし、水気を絞る。
2　1をボウルに入れ、Aをまぶして下味をつける⒜。
3　フライパンにサラダ油を少量（分量外）ひいて、2
　をさっとソテーする⒝。
4　ひよこ豆を入れて混ぜる⒞。ヴィーガンカレーソ
　ースを入れ⒟、水を少量加えて、さっと煮込む⒠。

盛り付けてから、くし形に切ったミニトマト、香菜と細切りの生姜を散らした。

ヴィーガンコフタマサラ

ヴィーガンミートにスパイスや香味野菜を加えて
焼いたコフタ（ミートボール）を、ヴィーガンカ
レーソースと合わせる。コフタは単体でも提供可
能。
ウルトラヴィーガンミートは塩味含めしっかりめ
の調味がなされているので、このように多めの副
材料を混ぜ込む調理に適している。

材料（2人分）
コフタ
- ウルトラヴィーガンミート
  （冷凍を解凍したもの。※）… 100g
- 玉ネギ（みじん切り）… 25g
- 酢（好みのもの）… 2g
- ジンジャーガーリックペースト（P.117 ※ 参照）
  … 6g
- パウダースパイス
  - コリアンダーパウダー … 0.4g
  - クミンパウダー … 0.4g
  - カイエンペッパー … 0.4g
  - ターメリックパウダー … 0.4g
  - ガラムマサラ … 0.4g
  - スモークパプリカパウダー … 0.4g
- 香菜（みじん切り）… 4g
- シシトウ（みじん切り）… 3g
ヴィーガンカレーソース（P.117）… 300g

※ウルトラヴィーガンミートの代わりにオムニミート（P.152 **39**）を使
用する場合は、重量の0.5％の塩を加えるとよい。

使用ベジミート 「ウルトラヴィーガンミート」 → P.152 **40**

作り方
1 コフタの材料を、すべてボウルに入れて混ぜ合わせ
　る @ ⓑ。1個20〜25gのボール状に成形する ⓒ。
2 1 にサラダ油を少量（分量外）かけ、オーブンで10
　分ほど焼く（またはフライパンで焼く）。
3 ヴィーガンカレーソースを火にかけて温め、2 を入
　れて軽く煮込む ⓓ。

盛り付けてから、細切りの紫玉ネギを飾った。

ベジタブルキーマ

オーソドックスな大豆ミートをキーマカレーに。うま味の強い野菜を複数併用する北インドベジ料理の応用で、本来のキーマカレーとも遜色ない満足感を目指した。

野菜との相性のよい「カレー粉」をガラムマサラ的に使用している。グリーンピースやピーマンをきれいに仕上げようとしないのがコツ。ジャガイモと一緒にクタクタになるまで煮込んだほうがおいしい。

材料（2人分）

大豆ミート（ミンチタイプ。乾燥）
　… 40g（もどすと約160gになる）
サラダ油 … 30g
クミンシード … 1g
玉ネギ（太せん切り）… 90g
ジンジャーガーリックペースト（P.117 ※ 参照）… 16g
パウダースパイス
　　コリアンダーパウダー … 1g
　　クミンパウダー … 1g
　　カイエンペッパー … 1g
　　ターメリックパウダー … 1g
　　カレー粉（S&B赤缶）… 2g
A 　トマト缶（できれば裏ごしタイプ）… 60g
　　塩 … 4g
　　砂糖 … 4g
　　酵母エキスパウダー（あれば。好みで）… 4g
B 　ピーマン（1cm角切り）… 30g
　　ジャガイモ（皮をむき1cm角切り）… 40g
　　グリーンピース … 30g
水 … 100mℓ

使用ベジミート　「大豆まるごとミート（ミンチタイプ）」 → P.148 ❶

作り方

1　大豆ミートは、P.118の作り方 1 同様にして、もどしておく。

2　鍋にサラダ油とクミンシードを入れて加熱する。

3　クミンシードのまわりが泡立って、香りがしっかり立ったら⒜、焦げる前に玉ネギとジンジャーガーリックペーストを加え、玉ネギが少し透き通るまで炒める⒝。

4　パウダースパイスを加え、香りが立つまで炒める⒞。

5　1の大豆ミートを加え⒟、全体をなじませる。

6　A を入れて混ぜ⒠、B の野菜を入れて混ぜ⒡、分量の水を加える⒢。蓋をして、ジャガイモに火が通るまで10分程度煮込む。

7　蓋をとり、鍋の中の重量が400gになるのを目安に水分をとばす⒣。

ソイチキン65

チキン65は南インドスタイルのフライドチキン。唐揚げに近いドライタイプと、甘酸っぱいソースと炒め合わせたウェットタイプがあるが、ここではしっかりめの味つけと相性のよい大豆ミートとの相性を考えて、トマトソースベースのウェットタイプで。中華料理（インディアンチャイニーズ）にも近い、親しみやすい味わいに仕上げた。

VEGAN

材料（2人分）

大豆ミート（唐揚げタイプ。乾燥）
　… 50g（もどすと250gになる）

A　塩 … 2g
　　ジンジャーガーリックペースト（P.117 ※ 参照）… 8g
　　カイエンペッパー … 0.5g
　　パプリカパウダー … 1.5g
　　ブラックペッパーパウダー … 1g
　　ターメリックパウダー … 少量
　　レモン汁 … 10g

米粉 … 50g

水 … 30㎖〜

揚げ油（サラダ油）… 適量

ソース
　　サラダ油 … 20g
　　マスタードシード … 1g
　B　カレーリーフ（あれば。好みで）… 1g
　　　ニンニク（みじん切り）… 10g
　　　玉ネギ（みじん切り）… 30g
　　　グリーンチリ（みじん切り）… 5g
　　トマト缶（できれば裏ごしタイプ）… 150g
　C　砂糖 … 10g
　　　塩 … 2g
　　　酢 … 15g
　　　醤油 … 5g

> 使用ベジミート 「ソイミート（唐揚げタイプ）」→ P.150 ㉖

作り方

1　大豆ミートはP.118の作り方1のようにしてもどし、A をまぶして下味をつけておく⒜。

2　ソースを作る。フライパンに、サラダ油とマスタードシードを入れて加熱する⒝。

3　マスタードシードがパチパチと弾けたら B を加え⒞、香りが立つまで炒める。

4　トマト缶と C の調味料を加え⒟、鍋の中の重量が200gになるのを目安に、軽くとろみがつくまで煮詰める⒠。

5　1 に米粉を加えて和え⒡、水（30㎖〜）を入れて合わせ、ねっとりと衣をまとった状態にして⒢、熱したサラダ油でカリッとなるまで揚げる⒣。油をきる⒤。

6　4 のソースを温めて 5 を入れ⒥、全体にソースをからめる。

盛り付けてから、香菜と細切りの紫玉ネギを散らした。

ベジシークケバブ

あえて代替肉は使用しない、インドの伝統的な「もどき肉」料理。やわらかいひよこ豆ペーストとカリッとテンパリングしたムング豆のコンビネーションが、そこはかとない肉っぽさを演出するとともに、多種の野菜が味の厚みをサポート。
スパイスやハーブの使い方もむしろノンベジ（非菜食）料理に近い、インドのベジ料理のなかではやや異色の料理。決して「まるで肉のよう」というわけではないが、「がんもどき」などと同様、植物性材料だけで肉料理に匹敵する満足感が得られる。

VEGAN

材料（2人分）
ひよこ豆（水煮缶詰）… 100g
ジャガイモ（ゆでる）… 100g
片栗粉 … 20g
サラダ油 … 20g
クミンシード … 1g
ムングダル（皮なし。割り）… 10g
アジョワンシード（またはカロンジ。あれば。好みで）… 0.5g
ジンジャーガーリックペースト（P.117 ※ 参照）… 16g
A 玉ネギ（みじん切り）… 50g
　ピーマン（みじん切り）… 50g
　ニンジン（みじん切り）… 50g
　グリーンピース … 50g
パウダースパイス
　コリアンダーパウダー … 1g
　クミンパウダー … 1g
　カイエンペッパー … 1g
　ターメリックパウダー … 1g
　ブラックペッパーパウダー … 1g
　ガラムマサラ … 1g
塩 … 4g
B 香菜（みじん切り）… 4g
　ドライミント … 0.5g
　カスリメティ … 0.5g
ミントソース（左記）… 適量

使用ベジ素材	ひよこ豆

作り方
1　ひよこ豆とジャガイモをボウルに入れ、マッシャーでつぶす(a)。片栗粉を加えて、まんべんなく混ぜておく(b)。
2　フライパンにサラダ油、クミンシード、ムングダル、アジョワンシード（またはカロンジ。あれば）を入れて加熱する(c)。
3　ムングダルがカリッとし、かつクミンシードが焦げていない状態で、ジンジャーガーリックペーストを加えて(d)さっと炒める。
4　A の野菜を加えてさっと炒める(e)。
5　パウダースパイスと塩を加え(f)、スパイスの香りが立つまで炒める。B を加えて火を消し(g)、混ぜる。
6　5 を 1 に加えて混ぜ合わせる(h)。
7　鉄串のまわりに 6 を細長くつけて成形し(i)、サラダ油（分量外）をかけて(j)、オーブンで焼き目がつくまで焼く。
8　器に盛り、ミントソースを添える。

●ミントソース

材料（2人分）
玉ネギ … 60g　　生姜 … 5g
ミント … 15g　　塩 … 2g
香菜 … 15g　　酢 … 15g

作り方
すべての材料をミキサーに入れ、適量の水を少しずつ加えながら、なめらかになるまで撹拌する。

OLD NEPAL TOKYO オールド・ネパール・トウキョウ

料理／本田 遼

ネパールには、いろいろな豆で作られる「マショウラ」というベジミートがあり、ベジタリアン料理に使われている。
あまりおいしいとはいえず、日本では入手も難しいため、ここでは代わりに大豆ミートを使用した。
乾煎りして焼き目をつけたり、中国料理の「爆（油爆）」のように、強火で炒めて
“火の香り”をまとわせることで、風味を深めることができる。

大豆ミートと
ジャガイモのタルカリ

VEGAN

タルカリはもともと「野菜」という意味だが、転じて
「おかず」というニュアンスでも使われる。ここでは
ポピュラーな、ジャガイモとカリフラワーのタルカリ
に、大豆ミートをプラス。主役を大豆ミートにしたい
ので、ジャガイモはあえてやわらかくゆでて、つぶれ
やすくしておく。混ぜながら炒める過程で、ほどよく
つぶれて大豆ミートにからまり、うま味となる。

材料（4人分）

大豆ミート（ブロックタイプ。乾燥）… 20g
ジャガイモ … 中1個
カリフラワー … 1/2株（100g）
ニンニク（すりおろし）… 10g
生姜（すりおろし）… 10g
フェヌグリークシード … 少量
ターメリックパウダー … 小さじ1/4
クミンパウダー … 小さじ1/2
コリアンダーパウダー … 小さじ1/4
塩 … 適量
油（ヒマワリ油）… 大さじ2

| 使用ベジミート | 「大豆ミートブロック」→ P.150 ㉙ |

作り方

1 ジャガイモは皮付きのまま、弱火で1時間半ほどかけてゆっくりゆでる。皮をむき、2cm角に切る。

2 カリフラワーは、小さめの房に切る。鍋に油を熱してカリフラワーを入れて混ぜる⒜。軽く色づいたら、とり出して油をきる。

3 大豆ミートは、下記の下処理をしておく。

4 鍋に油とフェヌグリークシードを入れて、中火にかける⒝。

5 フェヌグリークが黒くなったら、1のジャガイモを入れ、ターメリックを入れて⒞混ぜる。

6 ニンニクと生姜を入れ、鍋にこびりついたものをこそげるようにしながら混ぜる⒟。水を少量加えてさらに混ぜる⒠。クミンパウダーとコリアンダーパウダーを入れて混ぜる。

7 2のカリフラワーを入れて、混ぜる。水を少量入れて混ぜ⒡、塩を加えて混ぜる。3の大豆ミートを入れて混ぜ⒢、水を少量入れて混ぜる⒣。

［乾燥大豆ミートの下処理］

中国料理の「爆（油爆）」のような方法で、強火で炒めて鍋に火を入れ、"火の香り"をまとわせる。味に深みが出て、食感もよくなる。

1 大豆ミートは、10〜20分水に浸けておく。

2 1の水気をざっときり（⒜水で洗ったり絞ったりはしない）、2〜3等分に切る⒝。

3 中華鍋に少し多めの油を入れて火にかけ、2の大豆ミートを入れて⒞、強火で炒める。鍋の中に火を入れて、途中で何度か少量の水を加え、水分をとばすように炒める⒟。

4 軽く焼き目がついたら⒠、ボウルにとり出す。

大豆ミートとグンドゥルックの
タルカリ ジョールタイプ

VEGAN

青菜で作る発酵食品であるグンドゥルックの風味が溶け込んだ、素朴な味わいのスープタイプのタルカリ。バート（白飯）とアチャール（箸休め的な料理）を添えれば、簡単な食事になる。

グンドゥルック

ネパール産の茶色い大豆

材料（4人分）

大豆ミート（ブロックタイプ。乾燥）… 30g
グンドゥルック（※）… 20g
大豆（乾燥。ネパール産の茶色いもの）… 30g
紫玉ネギ（薄切りにし、1/2〜1/3の長さに切る）
　… 1/2個分（100g）
トマト（粗みじん切り）… 1個分（100g）
ニンニク（すりおろし）… 15g
生姜（すりおろし）… 15g
油（ヒマワリ油）… 大さじ2
A　クミンパウダー … 小さじ1/2
　│　コリアンダーパウダー … 小さじ1/2
　│　ターメリックパウダー … 小さじ1/2
　│　チリパウダー … 小さじ1/4
　│　パプリカパウダー … 小さじ1/2
　└　ローストクミンパウダー … 小さじ1/4
塩 … 適量

※グンドゥルック：ネパールの発酵食品。無塩発酵させた青菜を乾物にしたもの。

使用ベジミート 「大豆ミートブロック」→ P.150 **㉙**

作り方

1　グンドゥルックは、水に浸けてもどしておく。
2　ザルで 1 の水を切り、砂やゴミなどをとり除いてから細かく切る。水で洗って水気をきる。
3　大豆ミートは、P.127の［乾燥大豆ミートの下処理］のように下処理をしておく。
4　鍋に油を入れて熱し、大豆を入れ、鍋をまわしながら火を入れる。
5　大豆の皮に裂け目ができて香ばしい香りがしてきたら、紫玉ネギを入れて中火で炒める。
6　途中で水を少量加えて中弱火で炒め続け、全体を均一に茶色く色づける。
7　A のパウダースパイスと塩を入れて混ぜる。
8　トマトを入れ、ニンニクと生姜を入れ、トマトをつぶすようにして混ぜる。トマトがある程度つぶれてペースト状になったら、2 のグンドゥルックを入れて混ぜる。水を300mℓほど加える。
9　沸いたら 3 の大豆ミートを入れる。ひと煮立ちしたら、塩で味を調える。

大豆ミートとトマトのアチャール

アチャールは、箸休め的な料理。和食でいえば、漬物のような位置づけだ。
大豆ミートは乾煎りして香りを出してからもどし、トマトのうま味をたっぷり吸わせる。

材料（4人分）

大豆ミート（ブロックタイプ。乾燥）… 30g
トマト … 3個（300g）
グリーンピース（乾燥※）… 30g
ニンニク（すりおろし）… 10g
生姜（すりおろし）… 10g
塩 … 適量
A　フェヌグリークシード … 少量
└　赤唐辛子（ホール）… 好みで
ターメリックパウダー … 小さじ1/2
クミンパウダー … 小さじ1/2
油（ヒマワリ油）… 大さじ1と1/2

※乾燥グリーンピース：インド産が入手可能。

使用ベジミート 「大豆ミートブロック」→ P.150 ㉙

作り方

1　乾燥のグリーンピースは煎ってから、8時間ほど水に浸けておく。トマトはブレンダーにかけておく。

2　乾燥の大豆ミートをそのままフライパンに入れて弱火にかけ⒜、ときどきフライパンをゆすったり、大豆ミートを裏返しながら煎って、香ばしい香りを出す。

3　2に軽く焼き目がついたら、ボウルにとり出し、水を加えて10～20分浸けておく⒝。

4　3をザルにあけて水気をきる（水で洗ったり絞ったりはしない）。半分程度に切る⒞。

5　鍋に油を入れて火にかけ、A のフェヌグリークシードと赤唐辛子を入れて弱火で熱する⒟。フェヌグリークが黒くなってきたら、赤唐辛子はとり出す。

6　5に1のトマトを入れる⒠。ターメリックを入れ、ニンニクと生姜、塩を加えて⒡中火で5分ほど煮る。

7　1のグリーンピースの水気をきって入れる⒢。クミンパウダーを入れる。

8　2/3量ほどに煮詰まったら、4の大豆ミートを入れる⒣。ひと煮立ちしたら、塩で味を調える。

大豆ミートのチョエラ

チョエラは「焼いた肉」という意味で、本来は水牛や鴨、鶏の肉を藁で焼き、スパイスをからめる料理。ここでは、大豆ミートを香ばしくなるまで乾煎りし、さらに"火の香り"を加えている。ニンニクやスパイスの風味が効いた、お酒のつまみにもぴったりな一品。

材料（4人分）

大豆ミート（ブロックタイプ。乾燥）… 40g
葉ニンニク … 1/2束（30g）
A　ニンニク（みじん切り）… 5g
　　生姜（みじん切り）… 5g
　　ブテコトリコテール（焙煎マスタードオイル ※）
　　　…小さじ1/4
　　油（ヒマワリ油）… 小さじ1
　　塩 … 適量
　　ローストクミンパウダー … 小さじ1/2
　　ローストチリ … 小さじ1/4
　　パプリカパウダー … 小さじ1/2

※ブテコトリコテール（Bhuteko toriko tel）：深煎りしたブラウンマスタードシードを絞ってとる油。香ばしく、普通のマスタードシードのようにつんとした香りがない。代用する場合は、香りや味は異なるが、深煎りのごま油を使用する。

使用ベジミート 「大豆ミートブロック」→ P.150 29

作り方

1　乾燥の大豆ミートをそのままフライパンに入れて弱火にかけⓐ、ときどきフライパンをゆすったり、大豆ミートを裏返しながら煎って、香ばしい香りを出す。

2　軽く焼き目がついたら、ボウルにとり出し、水を加えて10〜20分浸けておく。

3　2の水気をざっと切り（水で洗ったり絞ったりはしない）、2〜3等分に切る。P.127の［乾燥大豆ミートの下処理］3 〜 4 のように下処理をしてⓑ、ボウルにとり出すⓒ。

4　葉ニンニクを1cm幅に切り、3に入れる。

5　Aを加えて和えるⓓⓔ。必要な場合は、塩で味を調える。

CHOMPOO チョンプー

料理／森枝 幹

CHOMPOOにはヴィーガンコースがあり、前菜からデザートまでの、7皿のヴィーガン料理を提供している。
また、ガパオやカオヤムなど、ヴィーガンに対応する単品メニューもある。ヴィーガンやベジタリアン向け料理の需要は、
今後さらに高まると思われる。肉の代わりに使ったのは、オムニミートとネクストミーツ社の製品。
どちらも冷凍を解凍すればそのまま使えるため、手間がかからない。
食感も肉に近く、特にしっかりした味つけのタイ料理には使いやすい。

レッドカレー

VEGAN

ネクストミーツ社のNEXTハラミを使ったタイカ
レー。焼き肉用の味つけがされた製品だが、タイ
カレーのソースともなじみがいい。合わせて使っ
たジャックフルーツは、肉に似た食感をもつ果実
で、タイやベトナム、インドネシアなどで、ベジ
タリアン料理に使われている。

材料（1人分）

NEXTハラミ（冷凍を解凍したもの）… 30g
ジャックフルーツ（缶詰※。5㎜厚さに切る）
　　… 20g
サラダ油 … 50g
レッドカレーペースト（自家製。左記）… 50g
A　タオチオ … 大さじ1
└　パームシュガー … 小さじ2
ココナッツミルク … 200㎖
塩 … 少量
シーユーカオ … 適量
ご飯 … 適量

※ジャックフルーツ ⓐ：まだ熟していないジャックフルーツ（パラミ
　ツ）の実を缶詰にしたもの。甘みが添加されていない製品を使用する。
※タオチオ、シーユーカオは、タイの調味料。

使用ベジミート 「NEXTハラミ」→ P.152 ㊹

作り方

1　鍋にサラダ油とレッドカレーペーストを入れて炒め、
　　味と香りを油に移す ⓑ。
2　A を加えて混ぜ、ココナッツミルクを入れて混ぜる
　　ⓒ。
3　NEXTハラミとジャックフルーツを入れて、5分ほ
　　ど煮込む ⓓ。塩とシーユーカオで味を調える。
4　器に盛り、バイマックルー（分量外）を飾る。ご飯
　　を添える。

● レッドカレーペースト

材料（作りやすい量）

赤唐辛子 … 120g
トマト … 40g
ホムデン（赤玉ネギでも可）
　　… 20g
生姜 … 25g
ニンニク … 20g
バイマックルー（こぶみかんの葉）… 40g
パクチーの根 … 5g
タオチオ … 4g
ターメリック（生。なければパウダー）… 0.5g

作り方

すべての材料を合わせてミキサーで撹拌する。

ガパオライス
（挽き肉バジル炒めご飯）

「ガパオ」とは、ハーブの一種であるホーリーバジルのこと。このガパオの葉を使った炒め物をご飯に添えた料理が、ガパオライスと呼ばれている。タイではさまざまな素材で作られるガパオを、オムニミートで作った。

材料（1人分）
オムニミート（冷凍を解凍したもの）… 90g
玉ネギ（横半分に切り、1cm幅のくし形に切る）
　… 10g
インゲン（小口切り）… 1本分
ニンニク（みじん切り）… 小さじ1/2
赤唐辛子（粗みじん切り）… 1本分
ガパオの葉（ホーリーバジル。冷凍を解凍したもの）
　… 10枚
サラダ油 … 大さじ3
A　シーユーカオ … 大さじ1
　　シーズニングソース … 大さじ1
　　きび砂糖 … 小さじ1
　　塩 … 少量
シーユーダム … 小さじ1
ご飯 … 適量
白コショウ … 少量
食用菊の花びら、キュウリ（飾り切り）、
　ニンジン（飾り切り）… 各適量

※シーユーカオ、シーズニングソース、シーユーダムは、タイの調味料。

使用ベジミート 「オムニミート」→ P.152 **39**

作り方
1　鍋にサラダ油とニンニク、赤唐辛子を入れて炒める⒜。
2　香りが出てきたら玉ネギとインゲンを入れて炒め、オムニミートを入れて炒める⒝。
3　Aの調味料を入れ、水100mℓを加える。ガパオの葉を入れ、シーユーダムを入れて炒め合わせる⒞。
4　ご飯とともに3を器に盛り付け、白コショウをふる。菊の花びらを散らし、飾り切りしたキュウリとニンジンを添える。

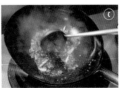

クワクリン（キーマカレー）

クワクリンは、タイ南部の郷土料理。本来は豚挽き肉
で作るこの激辛ドライカレーを、オムニミートで作っ
た。

材料（1人分）

オムニミート（冷凍を解凍したもの）… 90g
サラダ油 … 大さじ3
ニンニク（みじん切り）… 小さじ1/2
A　きび砂糖 … 小さじ1/2
　　塩 … 少量
　　シーユーカオ … 大さじ1/2
　　タオチオ … 大さじ1弱
　　一味唐辛子（粗挽き。タイ産）… 小さじ2
　　カレー粉（「WAUGH'S Curry powder」）… 小さじ1
　　ターメリックパウダー … 小さじ1と1/2
レモングラス（輪切り）… 1本分
バイマックルー（こぶみかんの葉。せん切り）
　… 5〜6枚分
ご飯… 適量
B　キュウリ（飾り切り）、ニンジン（飾り切り）、インゲ
　　ン、パクチー… 各適量

※シーユーカオ、タオチオは、タイの調味料。

使用ベジミート　「オムニミート」→ P.152 **39**

作り方

1　鍋にサラダ油とニンニクを入れて炒める。香りが出てきた
　ら、オムニミートを入れて炒める(a)。
2　オムニミートが白っぽくなってきたら、Aの調味料を加え
　て炒める(b)。
3　調味料が全体に混ざったら、水100mℓを加えて混ぜる。
4　レモングラスとバイマックルーを加えて(c)、炒め合わせ
　る。
5　器にご飯とともに4を盛り付け、Bを添える。

パッキーマオ（辛口焼きそば）

キーマオは「酔っ払い」という意味。一説には、酔っ
払いが冷蔵庫にあるもので作った料理、ともいわれる。
具材はお好みのもので。

材料（1人分）

ビーフン（センレック。3mm幅）
　… 100g（もどした状態の重量）
オムニミート（冷凍を解凍したもの）… 50g
ニンニク（みじん切り）… 小さじ1
赤唐辛子（粗みじん切り）… 小さじ1と1/2
玉ネギ（横半分に切り、1cm幅のくし形に切る）… 10g
チンゲン菜 … 1株
ミニトマト（ヘタをとり、縦半分に切ったもの）… 3個分
サラダ油 … 大さじ3
A　パームシュガー … 小さじ2
　　シーユーカオ … 大さじ1
　　シーズニングソース … 大さじ1
シーユーダム … 小さじ2
ガパオの葉（ホーリーバジル。冷凍を解凍したもの）… 10枚
B　一味唐辛子（タイ産）、フライドオニオン、パクチー、
　　ライム … 各適量

※シーユーカオ、シーズニングソース、シーユーダムは、タイの調味料。

使用ベジミート 「オムニミート」→ P.152 **39**

作り方

1　鍋にサラダ油とニンニク、赤唐辛子を入れて火にかける。
2　香りが出てきたら玉ネギ、チンゲン菜、ミニトマトを入れ
　て、水を少量加えて炒める。
3　オムニミートを入れて炒め@、全体になじんだら A の調
　味料を入れて炒める。
4　全体になじんだら水100mlを入れ、シーユーダムを入れて
　混ぜる⑥。ガパオの葉を入れて混ぜる。
5　ビーフンを入れ©、水分を吸わせるように炒め合わせる④。
6　器に盛り付け、B を添える。

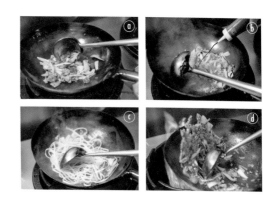

Mãimãi マイマイ

料理／足立由美子

多くの人が仏教の影響を受けているベトナムでは、菜食は特別なことではなく、人々の生活の中に自然に根付いている。
たとえば太陰暦の新月と満月の日（毎月1日と15日）には、線香をたいてお供え物を出し、菜食メニューを食べる習慣がある。
ここでは、さまざまなタイプのベジミートを使い、おなじみのベトナム料理をヴィーガン仕様で作った。
ヌクマムを使わずに作る「精進ヌクチャム」は、汎用性が高く便利なたれ。
ベトナム料理をヴィーガン対応にする際にはヌクマムがネックだが、それも解決できる。

揚げ春巻きを野菜で巻き、精進ヌクチャムにつけて食べる。

ベトナム揚げ春巻き

豚挽き肉の代わりに、挽き肉そっくりなオムニミート
を使い、ジャガイモで食感を加えた。たっぷりの野菜
で巻いて食べれば、通常の揚げ春巻きとの違いがほと
んどわからない。
精進ヌクチャムは、ヌクマムが苦手な方にもおすすめ。

材料(2人分/8本分)

肉ダネ

- オムニミート（冷凍を解凍したもの）… 100g
- ニンニク（みじん切り）… 小さじ1
- ジャガイモ … 30g
- ニンジン … 20g
- レンコン … 20g
- シメジ … 30g
- キクラゲ（乾燥）… 5g
- 春雨（乾燥）… 5g
- 万能ネギ（みじん切り）… 1本分
- パクチー（ざく切り）… 3本分
- グラニュー糖 … 小さじ1/5
- 塩 … 小さじ1/5
- 粗挽き黒コショウ … 小さじ1/2

ライスペーパー

- （四角いもの ※）… 8枚

揚げ油 … 適量

A 〈生野菜〉

- パクチー … 8本
- 大葉 … 8枚
- サニーレタス … 6〜8枚
- スペアミント … 適量

精進ヌクチャム（下記）… 適量

四角いライスペーパー

※四角いライスペーパー：機械製でごく薄く、具材を巻きやすい。丸い
ライスペーパーを使う場合は、さっと水にくぐらせてから使用する。

使用ベジミート 「オムニミート」→ P.152 **39**

●精進ヌクチャム（つけだれ）

材料(作りやすい量)

湯 … 250㎖
塩 … 小さじ2
三温糖 … 大さじ3と1/2
シーズニングソース（※）… 大さじ1
ライム果汁 … 大さじ2（1/2個分）
赤唐辛子（みじん切り）… 1本分
ニンニク（みじん切り）… 1粒分

※シーズニングソース：
大豆を原料とする調味
料。独特のコクとうま
味、甘みがある。ベト
ナム製は手に入りにく
いため、タイのものを
使用している。

作り方

分量の湯に塩と三温糖を溶かし、他の材料を加えて混ぜる。

作り方

1 肉ダネを作る。春雨とキクラゲは水に浸けてもどし、水気
をきって1〜2㎝ほどの長さに切っておく。レンコンは
皮をむいて粗みじん切りに、ニンジンは皮をむいて3〜4
㎝長さのせん切りにする。ジャガイモは皮をむいて3〜
4㎝長さのせん切りにし、水にさらしてから水気をふい
ておく。シメジは縦薄切りにする。

2 ボウルに肉ダネの材料をすべて入れて混ぜる。

3 A の生野菜は洗い、水気をきっておく。

4 まな板の上にライスペーパーを1枚広げ、全体にさっと水
をつける⒜。ジャガイモの長さより横幅が少し長くなる
ように調整し、半分に折りたたむ⒝。

5 2 の肉ダネを8等分する。4 の手前側を少しあけたところ
に肉ダネを1個分のせて⒞、手前のライスペーパーをか
ぶせ、ひと巻きする⒟⒠。肉ダネの両側を少しおさえて
から⒡、両端のライスペーパーを内側に細く折り⒢、巻
き上げる⒣。残り7個も同様にして巻く。

6 フライパンに揚げ油を入れて熱し、160〜170℃になった
ら 5 を入れて揚げる。

7 6 を 3 の生野菜とともに皿に盛り、精進ヌクチャムを添え
る。

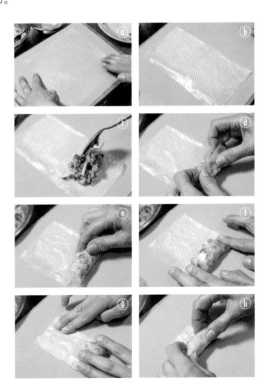

レモングラス風味の 肉そぼろ

さわやかなレモングラスの風味と、唐辛子のピリッとした辛みが効いた肉そぼろ。白いご飯や麺にかけてよし。パンにはさんでよし。そのままおつまみにしてももちろんおいしい。この大豆ミートは粒が少し大きめで、食べ応えのある仕上がりになる。

材料（2～3人分）
大豆ミート（ミンチタイプ。乾燥）… 50g
昆布茶（顆粒。減塩タイプ）… 小さじ1
湯 … 400mℓ
下味
| 醤油 … 小さじ1
| グラニュー糖 … 小さじ1
└ 黒コショウ … 少量
サラダ油 … 大さじ1
レモングラス（みじん切り）… 30g
ニンニク（みじん切り）
　… 1粒分
赤唐辛子（みじん切り）
　… 1本分
A　醤油 … 大さじ1と1/2
| グラニュー糖
| 　… ひとつまみ
└ 黒コショウ … 少量
万能ネギ（小口切り）
　… 適量
パクチー … 適量

レモングラス（冷凍）

使用ベジミート | 「オーサワの国産大豆ミート（ひき肉風）」
→ P.148 ❽

作り方
1　分量の湯を沸かして昆布茶を溶かし、大豆ミートを入れて火を止め、そのまま15分浸けておく。湯をきって、しっかり絞る。
2　1に下味の調味料を加えて混ぜ、10分ほどおいておく。
3　フライパンにサラダ油とレモングラス、ニンニクを入れて炒める。香りが立ってカリカリしてきたら、2の大豆ミートを入れてさっと炒める。
4　赤唐辛子を加えて混ぜ、Aを加えて味をつけ、火を止める。
5　器に盛り、万能ネギとパクチーを飾る。

白いご飯にたっぷりかけて。

焼きなすの
肉そぼろのせ

さっぱりとした焼きナスに、肉そぼろでコクとうま味を加える。たっぷりのせたネギ油とパクチーが、味と香りのいいアクセントに。揚げ春巻き（P.139）でつけだれとして使用した精進ヌクチャムを、ここではかけだれとして使用している。

材料（2～3人分）
ナス … 3本
肉そぼろ
- 　大豆ミート（ミンチタイプ。レトルト）… 40g
- 　サラダ油 … 大さじ1
- 　ニンニク（みじん切り）… 少量
- **A** 　醤油 … 小さじ1
- 　　　グラニュー糖 … 小さじ1/2
- 　　　黒コショウ … 少量
ネギ油（右記）… 右記の量
精進ヌクチャム（P.139）… 大さじ2
黒コショウ … 適量
フライドオニオン … 適量
パクチー … 適量

使用ベジミート　「大豆のお肉（ミンチタイプ）」→ P.151 **36**

作り方
1　ナスは焼き網にのせて転がしながら焼く。
2　肉そぼろを作る。フライパンにサラダ油とニンニクを入れて熱する。ニンニクの香りが立ってきたら、大豆ミートを入れて炒める。大豆ミートの色が変わってきたら、**A** の調味料を加えて炒める。
3　1 のナスの皮をむき、食べやすい大きさに切る。皿に盛り、上に 2 のそぼろをのせⓐ、ネギ油をかけⓑ、精進ヌクチャムをかける。黒コショウをふり、フライドオニオン、パクチーをのせる。

●ネギ油

材料（作りやすい量）
青ネギ（小口切り）… 大さじ2
塩 … 小さじ1/5
サラダ油 … 大さじ2

作り方
耐熱容器にネギと塩を入れ、フライパンで熱した分量の油を注いで混ぜる。

チャー・カー（カジキのターメリック揚げ焼き）

魚の代わりにフィレタイプの大豆ミート使い、ターメ
リック風味の揚げ焼きに。
大豆ミートをもどす際に、昆布茶を使用してうま味を
のせた。ベトナムでも昆布だしはよく使われる。

材料（4人分）

チャー・カー
- 大豆ミート（フィレタイプ。乾燥）… 50g
- 昆布茶（顆粒。減塩タイプ）… 小さじ1
- 湯 … 400mℓ
- 漬け込みだれ
  - ニンニク（みじん切り）… 大さじ1
  - シーズニングソース（タイ製）… 小さじ1
  - ターメリックパウダー … 小さじ2
  - レモンの絞り汁 … 小さじ1
  - グラニュー糖 … 小さじ1/2
  - 黒コショウ … 少量
- 薄力粉 … 適量
- サラダ油 … 大さじ6〜8
- 万能ネギ（4〜5cmの長さ）… 10本
- ディル（葉を摘んでおく）… 1パック分

ブン（乾麺 ※そうめんで代用可）… 80g
パクチー … 適量
刻みピーナッツ … 15g
精進ヌクチャム（P.139）… 適量

※ブン：ベトナムの代表的な米麺。フォーが平らな麺であるのに対し、ブ
　ンは切り口が丸くなる丸麺。日本で手に入るのは乾麺のみなので、水や
　ぬるま湯でもどしてから、ゆでて使用する。

使用ベジミート　「大豆と玄米のベジフィレ」→ P.150 **㉒**

作り方

1　分量の湯を沸かして昆布茶を溶かし、大豆ミートを入れて
　　4分ゆでる。火を止めて、汁に浸けたまま20分ほどおく。
　　ザルに上げて、ペーパータオルなどでよく水気をきってお
　　く。

2　漬け込みだれの材料を合わせてよく混ぜ、1にまぶしつけ
　　て20分ほど漬け込む ⓐ。

3　ブンを半分に折ってぬるま湯に20〜30分浸けておく。

4　ブンをゆでる。鍋に湯（分量外）を沸かし、水気をきった
　　3のブンを入れて、2〜3分ゆでる。ゆで上がったらザル
　　に上げ、よく水洗いして水を切り、食べやすい大きさにハ
　　サミで切っておく。

5　2の大豆ミートに薄力粉をまぶし ⓑ、多めのサラダ油をひ
　　いたフライパンで揚げ焼きにする ⓒ。最初はあまり動か
　　さず、片面が焼き固まったら裏返す ⓓ。

6　万能ネギ、ディル(飾り用に少し残しておく)を加えてさっ
　　と炒める ⓔⓕ。器に盛り、残しておいたディルをのせる。

7　6に4のブン、パクチー、刻みピーナッツ、精進ヌクチャ
　　ムを添えて提供する。

各自器にブンを盛り、チャー・カーをのせてパクチー、刻みピーナッツをかけ、
精進ヌクチャムをかけて食べる。

炒り鶏のバインミー

ブロックタイプの乾燥大豆ミートを裂いて、炒り鶏風
にした具をメインに。パンにぬるバターやマヨネーズ
も植物性のものを使用した。ベジ素材だけとは思えな
い、満足感のあるヴィーガンバインミー。

材料（2本分）

フランスパン（長さ20cmくらいのもの）… 2本
炒り鶏（P.145）… 60g
大根とニンジンのなます（P.145）… 60g
パクチーペースト（P.145）… 大さじ2
ネギ油（P.141）… 大さじ2
植物性バター（※）… 大さじ4
豆乳マヨネーズ … 大さじ2
万能ネギ（4～5cm長さに切る）… 1本分
フライドオニオン … 適量
黒コショウ … 適量
パクチー … 適量

※植物性バター：Violife（ビオライフ）の「植物生まれのビオバター」を
　使用した。

作り方

1 フランスパンを温め、横から切り込みを入れる。

2 1の切り込みを開き、両面に植物性バターをぬるⓐ。下の面には、さらに豆乳マヨネーズをぬる。

3 具材をはさむ。2の切り込みに炒り鶏を詰めⓑ、ネギ油、パクチーペースト、軽く水気をきった大根とニンジンのなます、万能ネギ、フライドオニオンをのせてⓒⓓⓔ、黒コショウをふるⓕ。パクチーをのせてはさむ。

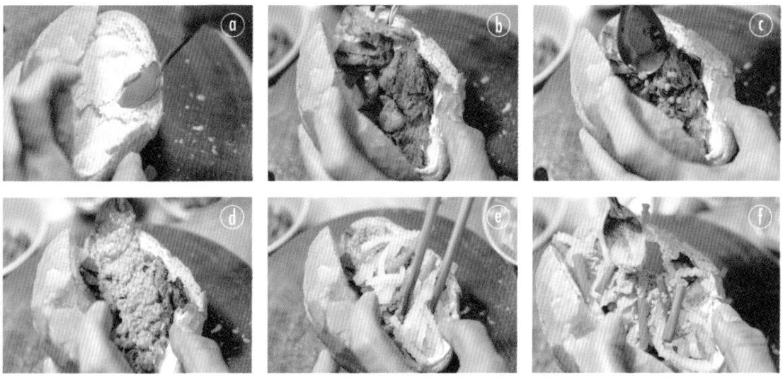

●炒り鶏

材料（バインミー 2本分）

大豆ミート（ブロックタイプ。乾燥）… 15g

干しシイタケだし汁（※）… 100mℓ

A
- 醤油 … 小さじ1
- 昆布茶（顆粒。減塩タイプ）… 小さじ1/4（大さじ1の湯で溶いておく）
- グラニュー糖 … 小さじ1/2

※干しシイタケだし汁は、顆粒のシイタケだしを湯に溶いたもの。

※Aは合わせておく。

使用ベジミート　「大豆と玄米のベジフィレ」→ P.150 ㉒

作り方

1 大豆ミートは、干しシイタケのだし汁に浸けて、冷蔵庫にひと晩入れておく。

2 1の大豆ミートをだし汁から引き上げ、よく絞る（約60gになる）。手で大きめに裂くⓐ。

3 フライパンに油をひかずに2を入れ、から炒りするⓑ。水分がとんで少し焦げ目がついてカラカラしてきたら、Aを加えて全体に混ぜるⓒⓓ。

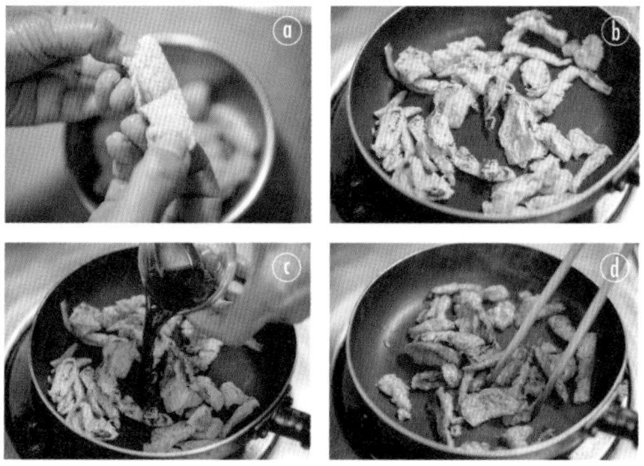

●大根とニンジンのなます

材料（作りやすい量）

大根（または青パパイヤ）… 120g

ニンジン … 50g

塩 … ひとつまみ

甘酢
- 米酢 … 大さじ2
- グラニュー糖 … 大さじ1と1/2
- 湯 … 大さじ1と1/2

作り方

1 大根とニンジンは、皮をむいて細切り（またはせん切り）にする。合わせてボウルに入れ、塩をまぶしてしばらくおく。

2 甘酢を作る。分量の湯にグラニュー糖を混ぜて溶かし、米酢を加えて混ぜる。

3 1の水気を絞って2の甘酢に15分ほど漬ける。

●パクチーペースト

材料（作りやすい量）

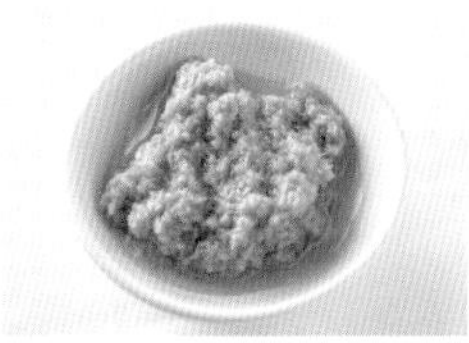

パクチー（根の部分）… 20g

パクチー（葉と茎の部分）… 50g

ニンニク … 1粒

ピーナッツ … 25g

サラダ油 … 1/2カップ

赤唐辛子（小口切り）… 2本分

塩 … 小さじ1/3

作り方

パクチーをざく切りにして、他の材料とともにフードプロセッサーにかける。

肉詰め厚揚げの
トマトソース煮込み

VEGAN

ベトナムにはさまざまな詰め物料理があるが、これは厚揚げを使った、白いご飯のおかずにぴったりな食べ応えのある一品。肉ダネにはオムニミートを使用。なにもいわずに出せば、肉でないとは気づかれない再現度だ。

材料（1皿分／約2人分）
厚揚げ（5cm×7cm×厚さ2cm大のもの）… 4個
肉ダネ
　　オムニミート（冷凍を解凍したもの）… 100g
　　万能ネギの白い部分（みじん切り）… 2本分
　　ニンニク（みじん切り）… 小さじ1
　　生姜（すりおろし）… 小さじ1/2
　　塩 … 小さじ1/8
　　おからのパウダー（片栗粉で代用可）… 小さじ1
サラダ油 … 大さじ1
トマトソース（左記）… 300g
キノコ（シメジなど）… 50g
万能ネギの青い部分（4〜5cm長さに切る）… 2本分
黒コショウ … 適量

使用ベジミート 「オムニミート」→ P.152 **39**

作り方

1　厚揚げは半分に切り（5cm×3.5cmが8個できる）、中の白い部分の真ん中を1/3程度くり抜く。くり抜いた中身を肉ダネの材料と合わせてボウルに入れ、よく混ぜる@。

2　厚揚げのくり抜いた部分に、1を詰めるⓑⓒ。

3　フライパンにサラダ油を熱し、2を切り口を下にして入れて焼く。

4　トマトソースを加えて約10分煮込んだ後、キノコを加えて煮る。

5　最後に万能ネギの青い部分を加えてさっと混ぜて火を止め、器に盛る。黒コショウをふる。

●トマトソース

材料（作りやすい量。でき上がり450g）
トマト（ざく切り）… 500g
ニンニク（みじん切り）… 大さじ1
玉ネギ（みじん切り）… 50g
レモングラス（みじん切り）… 15g
サラダ油 … 大さじ2
A　グラニュー糖 … 小さじ1/2
　　シーズニングソース（タイ製）… 大さじ1と1/2
　　塩 … 小さじ1/4

作り方
フライパンにサラダ油とニンニク、レモングラス、玉ネギを入れて炒める。香りが立ってきたらトマトを加え、4〜5分煮込む。Aの調味料を加えて混ぜる。

牛肉とクレソンのサラダ

焼き肉そのもの、といったNEXTハラミを牛肉代わり
に使ったサラダ。しっかりとした味つけがされている
ので、たっぷりの生野菜と組み合わせる使い方はおす
すめ。

材料（2人分）

NEXTハラミ … 80g
クレソン … 40g
ルコラ … 20g
サニーレタス（またはレタス）… 2枚
赤玉ネギ … 1/8個
ニンニク … 2粒
サラダ油 … 大さじ2
刻みピーナッツ … 適量
パクチー … 適量
精進ヌクチャム（P.139）… 大さじ3
黒コショウ … 適量

| 使用ベジミート | 「NEXTハラミ」→ P.152 ㊹ |

作り方

1　クレソン、ルコラ、サニーレタスは水洗いし、水気をきり、
　食べやすい大きさに手でちぎる。

2　赤玉ネギは縦に薄くスライスし、水にさらしておく。

3　1 の野菜に精進ヌクチャムを加えて混ぜ、皿に盛る。その
　上に、水気を絞った 2 の赤玉ネギをのせる。

4　フライパンにサラダ油を入れて熱し、包丁でたたきつぶし
　たニンニクを入れて炒め、香りが立ってきたら油ごと耐熱
　皿に入れておく。

5　4 のフライパンにサラダ油を適量（分量外）入れ、NEXT
　ハラミを入れて焼く。

6　3 に 5 をのせ、4 のニンニク入りの油を上からまわしかけ
　る。

7　黒コショウをふり、刻みピーナッツ、パクチーをのせる。
　よく混ぜてから食べる。

ベジミートカタログ

掲載のベジミートは一部の商品です。業務用商品と一般小売用商品で、パッケージデザインなどは異なります。また、掲載した商品の情報は、本書の刊行時点のものです。原材料やパッケージデザインは変更になることもあり、商品の取り扱い自体がなくなることもありますので、最新の情報は各社ウェブサイトなどでご確認ください。

一部の商品は、大手スーパーや自然食品専門店などで購入できますが、ネット通販が便利です。メーカー、自然食品専門サイト、Amazon、楽天、Yahoo! などの大手通販サイトなどで取り扱いがあります。

※記載の情報は「商品名」、原材料、［開発・製造・加工・販売者等］の順。

● 乾燥タイプ

ミンチタイプ、フレークタイプ

❶「大豆まるごとミート（ミンチタイプ）」

原材料：大豆（国産、遺伝子組換えでない）
［かるなぁ］

❷「ソイミート（ミンチタイプ）」

原材料：脱脂大豆、食用植物油脂
［かるなぁ］

❸「リ・ブランプラス（ソイミンチ）」

原材料：脱脂大豆（国内製造）、玄米粉（米〈国産〉）
［かるなぁ］

❹「まめやのお肉（ミンチタイプ）」

原材料：脱脂大豆（遺伝子非組換え）、食用植物油脂、硫酸 Ca
［加工：アサヒ食品工業］

❺「有機ジャックの豆ミート」

原材料：有機大豆
［アリサン］

❻「大豆と玄米のベジミンチ」

原材料：脱脂大豆（国内製造）、玄米粉（米〈国産〉）／緑茶抽出物
［マイセンファインフード］
※2022 年 4 月、中身とパッケージをリニューアル。

❼「大豆のお肉乾燥ミンチタイプ」

原材料：脱脂大豆（インド製造）、醤油（一部に小麦を含む）
［マルコメ］

❽「オーサワの国産大豆ミート（ひき肉風）」

原材料：大豆（国産）
［オーサワジャパン］

⑨ 「SOY MINCE（ソイミンチ）」

原材料：脱脂大豆（非遺伝子組換え）
［コッチラボ］

⑩ 「北海道大豆ミート
（ミンチタイプ）」

原材料：大豆（北海道産）非遺伝子組換え
［ダイホク］

---

⑪ 「［ボルドーニ］ソイフレーク」

原材料：有機大豆
［ボルドーニ（スイス）］

スライスタイプ、フィレタイプ

⑫ 「大豆まるごとミート
（スライスタイプ）」

原材料：大豆（国産、遺伝子組換えでない）
［かるなぁ］

⑬ 「ソイミート
（スライスタイプ）」

原材料：脱脂大豆、粉末状植物性たん白
（大豆）、食用植物油脂
［かるなぁ］

---

⑭ 「オーサワの国産大豆ミート
（バラ肉風）」

原材料：大豆（国産）
［オーサワジャパン］

⑮ 「肉らしい豆な姑」

原材料：脱脂大豆、粉末状大豆たん白、食
用植物油脂（国内製造）
［販売：丸久物産］

---

⑯ 「大豆と玄米のベジスライス」

原材料：脱脂大豆（国内製造）、大豆たん
ぱく、玄米粉（米〈国産〉）／硫酸カルシ
ウム
［マイセンファインフード］

⑰ 「ソイミート（ビーフタイプ）」

原材料：脱脂大豆（大豆）、食塩／着色料
（カラメル色素）
［かるなぁ］

---

⑱ 「肉らしい豆な親父」

原材料：粒状大豆たん白（脱脂大豆、食塩）
（国内製造）／カラメル色素
［販売：丸久物産］

⑲ 「大豆まるごとミート
（フィレタイプ）」

原材料：脱脂大豆（インド産大豆、遺伝子
組換えでない）
［かるなぁ］

⑳ 「リ・ブランプラス
（ソイフィレ）」

原材料：脱脂大豆（国内製造）、玄米粉（米
〈国産〉）
［かるなぁ］

㉑ 「まめやのお肉
（フィレタイプ）」

原材料：脱脂大豆、粉末状大豆たん白、食
用植物油脂
［加工：アサヒ食品工業］

㉒ 「大豆と玄米のベジフィレ」

原材料：脱脂大豆（国内製造）、玄米粉（米
〈国産〉）／緑茶抽出物
［マイセンファインフード］
※ 2022 年 4 月、中身とパッケージをリニューアル。

㉓ 「大豆のお肉
乾燥フィレタイプ」

原材料：脱脂大豆（インド製造）、醤油（一
部に小麦を含む）
［マルコメ］

㉔ 「SOY FILLET（ソイフィレ）」

原材料：脱脂大豆（非遺伝子組換え）
［コッチラボ］

ブロックタイプ

㉕ 「大豆まるごとミート
（ブロックタイプ）」

原材料：脱脂大豆（インド産大豆、遺伝子
組換えでない）
［かるなぁ］

㉖ 「ソイミート（唐揚げタイプ）」

原材料：エンドウたん白、粉末状大豆たん
白、食物繊維、脱脂大豆、でん粉
［かるなぁ］

㉗ 「まめやのお肉
（ブロックタイプ）」

原材料：エンドウ豆たん白、粉末状大豆た
ん白（遺伝子非組換え）、食物繊維、脱脂
大豆（遺伝子非組換え）、でん粉
［加工：アサヒ食品工業］

㉘ 「有機ジャックの豆ミート
（チャンク）」

原材料：有機大豆
［アリサン］

㉙ 「業務用 大豆ミートブロック
（下味なし・プレーン）」

原材料：エンドウたん白、粉末状大豆た
ん白（遺伝子組み換え不使用）、食物繊維、
脱脂大豆、でん粉（トウモロコシ由来）
［販売：グリーンカルチャー］

㉚ 「大豆のお肉乾燥
ブロックタイプ」

原材料：脱脂大豆（インド製造）、醤油（一
部に小麦を含む）
［マルコメ］

③① 「肉らしい豆な嫁」

原材料：エンドウたん白、粉末状大豆たん白、食物繊維、大脂大豆、でん粉（国内製造）
［販売：丸久物産］

③② 「SOY BALL（ソイボール）」

原材料：脱脂大豆（非遺伝子組換え）
［コッチラボ］

③③ 「オーサワの大豆からあげ」

原材料：エンドウたんぱく（えんどう豆〈フランス産他〉）、粉末状大豆たんぱく・大豆食物繊維・脱脂大豆（大豆〈アメリカ・中国産他〉）、とうもろこしでん粉（とうもろこし〈アメリカ産他〉）
［オーサワジャパン］

● レトルトタイプ

ミンチタイプ、フレークタイプ

③④ 「クイックソイ（ミンチタイプ）」

原材料：大豆（国産、遺伝子組換えでない）
［かるなぁ］

③⑤ 「クイックソイ（フレークタイプ）」

原材料：大豆（国産、遺伝子組換えでない）
［かるなぁ］

③⑥ 「大豆のお肉（ミンチタイプ）」

原材料：脱脂大豆加工品（国内製造〈脱脂大豆、醤油〉）、米みそ、酵母エキス粉末／グルコノデルタラクトン、（一部に小麦・大豆を含む）
［マルコメ］

フィレタイプ

③⑦ 「大豆のお肉（フィレタイプ）」

原材料：脱脂大豆加工品（国内製造〈脱脂大豆、醤油〉）、米みそ、酵母エキス粉末／グルコノデルタラクトン、（一部に小麦・大豆を含む）
［マルコメ］

ブロックタイプ

③⑧ 「大豆のお肉（ブロックタイプ）」

原材料：脱脂大豆加工品（国内製造〈脱脂大豆、醤油〉）、米みそ、酵母エキス粉末／グルコノデルタラクトン、（一部に小麦・大豆を含む）
［マルコメ］

●冷凍（生）ミンチタイプ

39 「オムニミート」

原材料：植物たんぱく（大豆たんぱく、えんどう豆たんぱく、米たんぱく、しいたけ）、酵母エキス、マルトデキストリン、じゃがいも澱粉、砂糖、食塩、麦芽抽出物、ブドウ糖、増粘剤（メチルセルロース）、香料、着色料（ビートレッド）
[オムニフーズ]

40 「ウルトラヴィーガンミート」

原材料：大豆たんぱく（中国製造）、植物油脂、でん.粉、醤油、砂糖、食塩、小麦たん白、酵母エキス調味料、香辛料、酵母エキス、酵母パウダー／糊料（メチルセルロース）、カカオ色素、くん液
[かるなぁ]

41 「レッツプラントミート（ミンチ）」

原材料：大豆及び米由来植物性タンパク質（大豆は遺伝子組換えでない）、こめ油、砂糖、酵母エキス、塩／糊料（メチルセルロース）、増粘安定剤（カラギーナン）、着色料（ビートレッド、カラメル色素I、IV）、増粘剤（加工でんぷん）、香料
[Nithi Foods（タイ）]

42 「ソミート プラントベースミンチ」

原材料：植物性たん白（大豆・小麦を含む、米国・ブラジル製造、遺伝子組み換えでない）、米油、グルテン／増粘剤、アカビート色素、カカオ色素（一部に小麦・大豆含む）
[染野屋]

43 Green Meat（グリーンミート）

原材料：食用植物油（国内製造）、粒状濃縮大豆たん白、エンドウたん白、酵母エキス、香辛料、調味エキス（酵母エキス、デキストリン、ぶどう糖、野菜エキス）／増粘剤（メチルセルロース）、着色料（ビーツジュースパウダー）、（一部に大豆を含む）
[グリーンカルチャー]

※現在販売はBtoBのみ。小売りは、オイシックス・ラ・大地株式会社が運営する食品宅配サービスOisixにおいて、Oisixの商品基準に合わせて原料変更した商品を、「植物から作った未来のお肉『グリーンミート』」として販売している。

●大豆ミート食品

44 「NEXTハラミ」

原材料：大豆加工品（大豆〈国産〉遺伝子組み換えでない）、調味液（醤油、砂糖、米発酵調味料、酵母エキス、りんご、醸造酢、にんにく、食塩、ごま油、豆板醤、コショウ）、食用なたね油、（一部に小麦、大豆、りんご、ごまを含む）
[ネクストミーツ]　※焼き肉様商品。

45 「WHAT THE CLUCK（ワットザクラック）」

原材料：繊維状大豆たん白（大豆たん白、食塩）、ひまわり油／香料、（一部に大豆を含む）
[ベジタリアンブッチャー（オランダ）]
※鶏肉様商品。

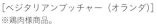

46 「NEXTツナ」

原材料：粒状大豆たん白（国内製造）、植物油脂、粉末状大豆たん白、植物性粉末ブイヨン（小麦を含む）、香辛料、砂糖、塩、さとうきび抽出物／香料
[ネクストミーツ]　※ツナ缶様商品。

47 「エージェーハム」

原材料：大豆たん白（遺伝子組換えでない）、大豆油、醤油、大豆たん白（粉状）、天然酵母エキス、砂糖、塩、紅麹色素（一部小麦を含む）
[エージェー]　※ハム様商品（大豆ハム）。

48 「ソイチャーシュー」

原材料：粒状大豆たん白、植物油、液体和風だし（たん白加水分解物、食塩、発酵調味料、その他）、発酵調味料（米、米こうじ、食塩）、砂糖（甜菜）、ブラックペッパー／酒精、香料、甘味料（カンゾウ）、カラメル色素、（一部に大豆を含む）
[T'sレストラン]　※チャーシュー様商品。

老舗企業・注目企業

○ 不二製油株式会社

植物性油脂、業務用チョコレート、乳化・発酵素材、大豆加工素材の４事業を領域として、事業展開する食品メーカー。大豆加工素材は、加工品の品質改良や安定化に利用される粉末状大豆たん白、大豆ミートを含む粒状大豆たん白など、さまざまな食品素材を開発している。特にハンバーグやミートボール、餃子といった大豆ミート食品の材料となる、「粒状大豆たん白」は、色や形状、食感などが異なる製品を数十種類展開し、牛肉や豚肉、鶏肉といった肉の種類、使用目的などに合わせて、食品メーカー、外食などに業務用として提供している。

○ 株式会社かるなぁ

1990年に設立された、名古屋の老舗メーカー。プラントベース食材の開発・製造・販売（小売・卸売）を30年以上前から行い、大豆ミートもさまざまなタイプの商品をとりそろえている。愛知県名古屋市、石川県小松市にショップがあるほか、通販サイトを運営。
自社製品の乾燥大豆ミートは３つのシリーズで展開しており、幅広いニーズに対応が可能。

① 「大豆まるごとミート」シリーズ／原料は丸大豆100％。小麦グルテンなどのつなぎは一切不使用。
② 「ソイミート」シリーズ／外国産大豆（遺伝子組み換えでない）を使用。形状が豊富。原料は大豆に加え、小麦たんぱくなどの植物性たんぱくをつなぎとして使用することでくずれにくくしているため、大量調理にも向いている。
③ 「有機大豆ミート」シリーズ／外国産有機大豆を使用。
このほか、レトルトタイプや冷凍（生）タイプの商品もある。

オンラインショップ
https://www.karuna.co.jp

○ アリサン有限会社

1988年に、埼玉県で設立。オーガニック＆ベジタリアン向けの食材、エスニックフード、日本食材、エコ雑貨などの輸入・卸・販売を行う。創業者のジョン・ベリス氏とパートナーのフェイ氏が、自身と友人たちのためにナチュラルフーズを輸入したことにはじまり、現在は食品の輸入・販売のほか、カフェやナチュラルフーズ店の経営、イベントなどを通じて、有機農法や健康的な食べものに関心の高い人々との交流を深めている。
有機大豆のみを原料とした「有機ジャックの豆ミート」は、ナゲットタイプ、ミンチタイプ、チャンク（一口大）タイプの３種類。

オンラインショップ
https://store.alishan.jp/ja

○ オムニフーズ（Omni Foods）

グリーンマンデーホールディングス（Green Monday Holdings）の傘下にあるフードテック企業。地球、動物、そして人間にやさしい食品を生み出すことを使命に、2018年４月に誕生。カナダに設立された研究開発チームは、アジアの食文化と調理習慣に基づき、コレステロール、抗生物質、ホルモン剤を含まない革新的な食品を生み出してい

る。オムニフーズの最初の製品であるOMNIミンチは、次世代の植物性代替肉として国際的な注目を集め、わずか2年で、東・東南アジア、北米、欧州、オセアニア州などの世界中の市場で人気を集める。日本には2021年3月に正式上陸し、その後活動の幅を広げている。

＊グリーンマンデーグループ（Green Monday Group）は、「Make Change Happen, Make Green Common（グリーンをあたりまえに、変化を起こそう）」というビジョンを掲げる、2012年に生まれた香港発の社会企業。低炭素で持続可能なライフスタイルを普段の生活で実践できるアクションとして推進することで、気候変動、健康問題、世界的な食料問題に取り組んでいる。

○ グリーンカルチャー株式会社

「健康と地球とずっと。」をテーマに掲げ、植物肉の開発・製造・販売を行うフードテックベンチャー。外食事業者や卸売業者向けに、ニーズに合わせた製品を提供し、国内外飲食店での植物肉製品導入を支援。法人向けの通販サイトを運営し、小口仕入れにも対応する。このほか、国内最大級のプラントベース専門通販サイト「Green's Vegetarian」も運営。生タイプの植物性ミンチ肉「Green Meat（グリーンミート）」は、大豆たん白、エンドウたん白などを原料とし、同社の独自技術に基づき開発した製品で、2021年4月に外食事業者向けに販売を開始した。

グリーンズベジタリアン（グリーンカルチャー公式通販）
greens-vegetarian.com

○ DAIZ株式会社

熊本県熊本市に本社をおき、植物肉の開発・生産・販売他を行うベンチャー企業。一般的な大豆ミートが、大豆種子を搾油した後の脱脂大豆を原料としているのに対し、発芽直後の「植物」の大豆に注目。発芽中の育成条件を調整してストレスを与えることで代謝を活性化し（「落合式ハイプレッシャー法」）、うま味や栄養価を高めた大豆を原料とし、独自の膨化成形技術により肉のような弾力と食感を再現した「ミラクルミート」を開発。多数の国内食品企業や商社などと資本業務提携し、市場拡大を目指す。

○ ネクストミーツ

「地球を終わらせない」を理念として掲げ、2020年６月に設立された、代替肉関連の事業を行うフードテックベンチャー。代替肉の研究開発は特に重要ととらえ、独自に開発した加工技術により、他社商品にはない肉の食感を出すことに成功。現在は新潟県長岡に自社の研究室「NEXT Lab」で世界中から集まった研究メンバーが、最先端技術を用いた研究を行っている。商品はすべて自社で企画から製造・販売までを行う。「NEXT焼肉シリーズ」（NEXTハラミ、NEXTカルビ）、「NEXT牛丼」、「NEXTチキン」など、再現度のひじょうに高い代替肉製品を世に送り出し、商品は随時バージョンアップしている。創業７ヵ月でアメリカ上場を果たし、現在はフランス、シンガポール、台湾、香港など海外10ヵ国に進出している。

ネクストミーツ公式ストア
https://shop.nextmeats.jp/

料理索引 （使用ベジミート、ベジ素材別。それぞれ掲載順）

掲載店・料理人紹介（掲載順）

T's レストラン（ティーズレストラン）

「誰にとっても大事な『健康』の大切さを、食を通して発信すること」をコンセプトに、2009年9月にオープン。提供する料理は、動物性の食材をいっさい使用しないヴィーガン料理。肉が好きな人も食べない人も、食の背景を気にせずに楽しく食事ができる場を目指す。レストランのほか、JR東京駅や上野駅などの駅構内で展開している、ヴィーガン担々麺を主軸にした「T's たんたん」も監修。店で料理を提供する傍ら、来店できない方もヴィーガン料理を楽しんでいただけるように、「スマイルベジプロジェクト」にも取り組み、ヴィーガンのおいしい食事を体験できる場を増やしている。レトルトカレーの販売や、ヴィーガンヌードルの監修はその一例。また地方自治体と協力し、学校給食への食材提供など、ヴィーガンを身近に感じてもらえる取り組みも行う。ベジタリアンやヴィーガン向けの食品に適合する日本農林規格（JAS）の新設を目指す「農林水産省ベジタリアン・ヴィーガン食品等JAS制定プロジェクトチーム」に参加。家庭でヴィーガンを楽しむためのオリジナル商品を店舗やオンラインで販売。

- T's レストラン
  東京都目黒区自由が丘2‐9‐6　Luz自由が丘B1／TEL 03-3717-0831
- T's たんたん　エキュート京葉ストリート店
  東京都千代田区丸の内1‐9‐1　東京駅改札内　エキュート京葉ストリート1F
  TEL 03-3218-8040
※このほか、エキュート上野店、池袋店他がある。
- オンラインショップ　ts-restaurant.shop-pro.jp

engawa cafe（エンガワカフェ）

八ヶ岳の麓、山梨県北杜市にあるengawa cafeは、築100年の古民家を活かした温かみのある空間と、プラントベース（植物由来）メニューが人気のカフェ。オーナーの木村豊さん、洋子さん夫妻はともに料理人で、豊さんがラーメン、ピザ、スイーツを、洋子さんがデリ全般（プレート、テイクアウト）とカレーを担当する。2人がプラントベースに取り組むきっかけは、子どものアレルギーやベジタリアンの友人の影響で、八ヶ岳の新鮮な野菜を使い、よりおいしく調理する方法を試行錯誤してきた。自家製の発酵調味料や、豆乳を使った味のベース（豆乳ヨーグルトやベジバターなど）でコクやうま味を補う手法は、こうして培われたもの。加えて、2人それぞれの得意ジャンルを深掘りすることで、ラーメンからピザ、デリ、スイーツと豊富なプラントベースメニューが実現した。現在は週3〜4日の店舗営業のほか、同じ北杜市内にある話題の食品スーパー「ひまわり市場」に店名を冠した「大地の恵み弁当」を卸したり、不定期でスイーツの通販も行う。

- engawa cafe
  山梨県北杜市高根町東井出155／TEL 0551-47-6065

PEACE TABLE（ピーステーブル）

飲食店・デリバリー専門店を経営する株式会社エフ・エフ・アルファが経営するヴィーガンレストラン。2021年8月、アーユルヴェーダをとり入れた、日本初のパーソナルヴィーガンレストランとして移転リニューアルオープンした。アーユルヴェーダは近年健康法として注目を集めているインドの伝統医学。入店後に行うドーシャチェックの結果を元に、それぞれの体質やその日の体調に合わせたメニューを提案する。熟成野菜や淡路島産の採れたての野菜をふんだんに使い、そのおいしさを存分に引き出し、また大豆ミートにじっくり炒めた玉ネギやマッシュルームを加えたタネを1週間ねかせて作るハンバーグなど、丁寧な仕込みでノンベジも満足させる料理を提供する。

- PEACE TABLE 渋谷 道玄坂店
  東京都渋谷区道玄坂1丁目14‐9　ソシアル道玄坂1F／TEL 03-6455-0861

THE NUTS EXCHANGE（ザ ナッツ エクスチェンジ）

代々木八幡駅前商店街にある、マカデミアナッツミルクなどのドリンクと、ヴィーガンフードを提供する、テーブル席6席、カウンター3席の店。人気カフェ「TORIBA COFFEE」代表の鳥羽伸博氏、音楽家として知られる大沢伸一氏、「湘南乃風」メンバーの若旦那こと新羅慎二氏がオーナーとして名を連ねる。自家製のマカデミアナッツミルクは、マカデミアナッツを石臼で丹念に挽いてから濾過布で手搾り・低温殺菌して作る。フードは、その時々の野菜で作る日替わりのデリや、大豆ミートで作るパティをはさんだマフィン、パスタ、ミルクを搾った後のマカデミアナッツ（パルプ）を使用したクッキーなど。ごみをゼロにする目標「ゼロ・ウェイスト」を掲げ、テイクアウト用の容器持ち込みなども推進しているサスティナブルな営業スタイルをとる。

● THE NUTS EXCHANGE
　東京都渋谷区富ヶ谷1-51-1

分とく山（ワケトクヤマ）

1989年創業の日本料理店。野﨑洋光氏が総料理長を、阿南優貴氏が本店料理長を務める。「おもてなしの心」を大切にしながら、伝統的かつ独創的な、季節感あふれる料理を提供する。カウンター、テーブル席、個室があり、さまざまなシーンに対応する。毎月開催する一般のお客様向けの料理教室も好評。

阿南優貴（あなん ゆうき）
「分とく山」本店料理長。
1984年福岡県久留米市生まれ。福岡の中村調理製菓専門学校を卒業。「分とく山」に入社。2018年の本店移転にともない、本店料理長に就任する。同店総料理長の野﨑洋光氏の教えのもと、日本料理の基本に則り、新しいアイデアも盛り込んだ料理を作る。野﨑氏との共著に『酒肴の展開』（柴田書店刊）がある。

● 分とく山
　東京都港区南麻布5-1-5／TEL 03-5789-3838
　※このほか、新宿伊勢丹に支店がある。

慈華（イツカ）

東京・青山、外苑前駅からほど近いビルの2階にある、中国料理店。「素材を慈しみ、人を慈しみ、料理を慈しむ」というコンセプトを掲げ、中国の古典料理を重んじながらも日本独特の感性と豊かな旬の食材をとり入れた、ここでしか味わえないこだわりの中華料理を、おまかせコースで提供する。

田村 亮介（たむら りょうすけ）
1977年東京都生まれ。調理師専門学校卒業後、中国料理の道に入る。広東名菜「翠香園」などで修業を積み、2000年に「麻布長江」に入店。2005年にかねてより念願だった台湾に渡り、四川料理店、精進料理店で本場の中国料理を学び、研鑽を積む。2006年に帰国し、料理長に就任。2009年に店を引き継いで店名を「麻布長江 香福筵」とし、オーナーシェフとなる。2019年4月に建物老朽化にともない店を閉め、同年12月に「慈華」を開業。

● 慈華
　東京都港区南青山2-14-15　五十嵐ビル2F／TEL 03-3796-7835

FARO（ファロ）

資生堂が経営・資生堂パーラーが運営するイノベーティブイタリアンレストラン。2001年竣工の銀座資生堂ビルにオープンしたイタリアンレストランを、2018年10月に、能田耕太郎氏を新たなエグゼクティブシェフに迎えてリニューアル。枠にとらわれない料理と新しいレストランの形を目指す。季節の素材を活かした通常のコースのほかに、「制限ではなく、新しい表現」としてのヴィーガンコースに力を入れる。

前田祐二（まえた ゆうじ）

FARO料理長。山形県酒田市生まれ。料理に対する強い思いと憧れから上京し、リストランテ　リパティーニ青山を皮切りに、いくつかのイタリア料理店で経験を積む。2018年にローマの「bistrot64」にて能田シェフに師事。ガストロノミーヴィーガンと出会い、その奥深さに魅了され深く引き込まれる。FAROでは、イタリア料理の枠を超え、経験と知識を活かした新しい表現で、心に残るイノベーティブな一皿を提供する。

● FARO
　東京都中央区銀座 8 - 8 - 3　東京銀座資生堂ビル 10 階／ TEL 0120-862-150（フリーダイヤル）

ERICK SOUTH（エリックサウス）

八重洲店は、2011年に東京八重洲地下街に開店した、カウンター席主体の南インド料理店。ミールスをはじめ、カレーやビリヤニ、軽食など、本場そのままの味わいを提供し、ビジネスランチとインド料理マニア、両方の需要に応える大繁盛店となる。その後、インドのゴア地方をキーワードにした紀尾井町のガーデンテラス店、コース料理が楽しめる、神宮前のマサラダイナー、高円寺のカレー＆ビリヤニセンターなど、内容の異なるインド料理店を複数開店。

稲田俊輔（いなだ しゅんすけ）

鹿児島県生まれ。京都大学在学中より料理修業と並行して音楽家を志すが、のちに飲食業に専念。飲料メーカー勤務を経て、友人とともに株式会社円相フードサービスを設立。業態およびメニューの開発を主に担当し、さまざまなジャンルの飲食店を手掛ける。神奈川県川崎市のテイクアウト専門店「エリックカレー」のリニューアルを依頼されたことを機に、インド料理に開眼。2011年、東京八重洲地下街に「エリックサウス」を開店する。著書に『だいたい15分！ 本格インドカレー』『だいたい1ステップか2ステップ なのに本格インドカレー』（どちらも柴田書店刊）、『おいしいものでできている』（リトル・モア刊）、『飲食店の本当にスゴい人々』（扶桑社刊）他がある。

● ERICK SOUTH 八重洲店
　東京都中央区八重洲 2 - 1　八重洲地下街 4 号（八重洲地下 2 番通り）／ TEL 03-3527-9584
　※神宮前、高円寺、紀尾井町、虎ノ門、大阪・西天満、名古屋、岐阜にも店舗がある。

OLD NEPAL TOKYO（オールド・ネパール・トウキョウ）

2020年、東京・豪徳寺にオープンしたネパール料理レストラン。ディナーは完全予約制で、民族や地域性をテーマにしたストーリー性のあるコース料理を提供している。ネパール料理のポテンシャルの高さを存分に引き出し、誰が食べてもネパール料理であり、心揺さぶられるおいしさを追求し、提供できるレストランを目指す。

本田 遼（ほんだ りょう）

1983年、兵庫県神戸市生まれ。和食の料理人を経てネパール料理の世界へ。20代でネパール料理に魅せられて以来、毎年ネパールに滞在しフィルドワークを重ねながらネパールの食文化を探求し続けている。2015年に大阪にダルバート専門店「ダルバート食堂」を開店。2020年にはネパールの食文化をモダンに表現する東京・豪徳寺のレストラン「OLD NEPAL」のオーナーシェフに。翌年スパイスのセレクトショップ「sunya」を同ビルにオープン。著書に『ダルバートとネパール料理』（柴田書店刊）がある。

● OLD NEPAL TOKYO
東京都世田谷区豪徳寺 1 丁目 42-11 ／ TEL 03-6413-6618
● sunya ウェブショップ　https://sunya-spice.com

CHOMPOO（チョンプー）

2019年11月、渋谷PARCO 4階にオープンしたタイ料理店。森枝氏が現地を訪れて体験した、これまでの日本になかったタイ料理の魅力を伝えたいと、香り高いフレッシュハーブや多彩なスパイス、発酵食品などを用いた、体が喜ぶ"しみじみおいしい"タイ料理を提供する。人気メニューのひとつが「鯖のカオヤム」。バタフライピーを加えて炊き上げたブルーライスが、ひときわ目を引く。ヴィーガンに対応可能な一品料理や、ヴィーガンコースもある。

森枝 幹（もりえだ かん）

1986年東京都生まれ。調理師学校卒業後、オーストラリア・シドニーの「Tetsuya's」で働く。帰国後は京料理「湖月」、マンダリン・オリエンタル内の「タパス・モラキュラーバー」などで修業を重ね、店舗のプロデュースや経営にも参画。2014年に世田谷区代沢に開業した「サーモン＆トラウト」のシェフを経て、2019年11月、「チョンプー」をオープン。

● CHOMPOO
　東京都渋谷区宇田川町 15- 1　渋谷 PARCO 4 F ／ TEL 03-6455-0396

Māimāi（マイマイ）

東京・江古田にある「ベトナム屋台食堂」。現地で買い付けた椅子やテーブル、雑貨などが並ぶ現地感たっぷりの店内で、ベトナムのおかずやつまみが楽しめる。現在はコースのみ予約にて営業。「ベトナム地味なおかず選手権」や「ベトナムディルディルまつり」「ワインとフレンチコロニアルベトナム料理」など、ベトナム気分を味わえるユニークなコース料理を企画している。

足立由美子（あだち ゆみこ）

スペイン・中南米料理の探究にいそしむなか、1997年に、友人に誘われて初めて訪れたベトナムに魅了される。ベトナム各地のおいしいものを、現地の雰囲気とともに伝えたいと、「ベトナム屋台食堂Māimāi」をオープン。何度も渡航して各地の屋台や食堂をまわって見つけた、おかずや酒のすすむつまみを中心に提供する。2013年にはMāimāiの3軒隣に、ベトナムの路地裏をイメージした「ECODA HẺM」をオープンした。著書に『バインミー～ベトナムのおいしいサンドイッチ』（文化出版局刊）、共著に『はじめてのベトナム料理』、『ベトナム料理は生春巻きだけじゃない』（ともに柴田書店刊）他がある。

● Māimāi
　東京都練馬区旭丘 1 -76- 2 ／ TEL 03-5982-5287

P.13～15（大豆ミートの栄養価）執筆：

山下圭子（やました けいこ）

管理栄養士。福岡女子大学卒業後、料理研究家村上祥子氏に師事。現在は、福岡市の（株）日立博愛ヒューマンサポート「有料老人ホーム フィランソレイユ笹丘」に勤務。これまでに『野﨑さんのおいしいかさ増しダイエットレシピ』『アスリートシェフのチキンブレストレシピ』『アスリートシェフの美筋レシピ』（ともに柴田書店刊）他に執筆。

撮影・取材協力：株式会社かるなぁ、オムニフーズ

FARO（P.102～115）の料理食材協力：
くり坊農園（久理田さん　兵庫県小野市／自然栽培米）、株式会社湘南J・RED（中戸川さんご夫妻　神奈川県足柄上郡山北町／湘南ポモロントマト）、ハッピースマイル（高畑さん　北海道北見／トマト酢、ぜいたくトマト〈トマトウォーターで使用〉）、江戸前ハーブ（村田さん／マイクロハーブ）、三栄商会（豆類）、高農園（高ご夫妻 石川県能登）

プロのベジミートレシピ

88 品がヴィーガン料理。
代替肉をおいしく使うアイデアとコツ

初版印刷　　2022年 5 月25日
初版発行　　2022年 6 月10日

編者Ⓒ　　　柴田書店

発行者　　　丸山兼一

発行所　　　株式会社柴田書店
　　　　　　東京都文京区湯島 3 -26- 9 　イヤサカビル　〒113-8477
　　　　　　電話　営業部　　　　03-5816-8282（注文・問合せ）
　　　　　　　　　書籍編集部　03-5816-8260
　　　　　　URL　　https://www.shibatashoten.co.jp

印刷・製本　シナノ書籍印刷株式会社

ISBN 978-4-388-06348-2
Printed in Japan
ⒸShibatashoten 2022